ツール・ド・フランス
勝利の礎《いしずえ》

ヨハン・ブリュニール
ビル・ストリックランド
序文　ランス・アームストロング

ラッセル秀子　訳

WE MIGHT AS WELL WIN

On the Road to Success with the Mastermind
Behind Eight Tour de France Victories

JOHAN BRUYNEEL

with Bill Strickland
foreword by Lance Armstrong

WE MIGHT AS WELL WIN

On the Road to Success with the Mastermind

Behind Eight Tour de France Victories

by

Johan Bruyneel

with Bill Strickland

foreword by Lance Armstrong

Published by special arrangement

with Houghton Mifflin Company,

Massachusetts through Tuttle-Mori Agency, Inc., Tokyo

最初で最後のヒーローの　父

私を誇りに思ってくれる　わが母

苦楽を共にした真の友　ランス

いつもそばで私を支え
理解と助言を与え
何よりも私を愛してくれる
妻のエヴァマリア　ありがとう

そして
私の最高の勝ち星で
心からの幸せを与えてくれ
生きることとは何か教えてくれる
娘のビクトリアへ

ツール・ド・フランス　勝利の礎

目次

第1部　勝利から学んだこと

第2部　敗北から学んだこと

第3部　そして次の栄光へ

序文

端的に言えば、ヨハン・ブリュニールがいなければ、僕はツール・ド・フランスで勝てなかっただろう。七連覇どころか、一度だって。

ヨハンはベルギー出身の元自転車選手で、七連覇時代のチーム監督だ。ヨハンは僕の友人となり、兄となり、無二の親友となり、熱い夢を追う仲間となった。そして自転車競技史上にとどまらず、スポーツ史上最高の監督となった。ヨハンは秀才タイプというより、まさに天才で、その勘としたたかさにかなう者はいない。

しかし、すべてを可能にしたのは、彼がはじめにしてくれた、最もシンプルで、この上なく難しいこと――僕を信じてくれたことだ。

癌闘病のあと、自転車競技に復帰するときのことだ。カムバックどころか、世界で最高峰の自転車レース、ツール・ド・フランスで優勝できる、と初めて言ってくれたのがヨハンだった。その言葉は、ただやる気を起こさせようとするための心理作戦ではなかった。ヨハンは僕という人間の奥深くまで見据えて、何かを理解した。そしてその何かは、僕の人生を変えた。

ヨハンの信念を僕も信じて、一緒に組むようになってからわかったことがある。ヨハンは、勝利への執念が僕より強い、数少ない人間の一人だ。僕はレースやトレーニング、機材、体力回復、休養で頭がいっぱいだった。一方、ヨハンが考えなければならなかったのは、選手二五人分のそういった要素だけではなく、どのレースに参加するべきか、旅程はどう組むか、食事はどうするか、宿泊先の部屋割りは、他のチームから三年後にどの選手を獲得するべきか――彼はまさに、勝利の申し子だ。

誰もヨハンの記録に文句はつけられないだろう。九年の間、ツールで僕と組んで七連覇し、二〇〇七年にはアルベルト・コンタドールと組んで八勝目を勝ち取ったのだ。バスケットボールで言えば、NBAのフィル・ジャクソン、UCLAのジョン・ウドゥン、アメリカンフットボールなら、グリーンベイ・パッカーズのヴィンス・ロンバルディ――いずれも優れた名将だ。だが、ツールのようなトップレベルでの七連覇や、九年に八度の優勝という功績を持つ者は誰一人としていない。NCAAのファイナル・フォーでも、スーパーボウルでも。ペダルを踏んだのは僕だが、戦略の八〇パーセントを指示したのはヨハンだ。

引退後、僕は何度かヨハンとチームカーに同乗し、彼と同じ立場からレースを見て、その勝利への勘の鋭さに今更ながら感服する。車中のめまぐるしさは、想像を絶する。無線を聞き、五カ国語のニュースを把握し、戦略を練り、レースの情報を入手する。水や食料を選手に補給し、パンクがあれば対処する。そのすべてをこなしながら車の運転にも集中しなければ、うっかり人身事故だって起こしかねない。

チームカーは、常に選手の集団を追うため、自由に動けないときもある。だからレース全体や、近くにいない選手を見ることはできない。そこで、チームの選手からの情報に頼り、知りうる限りの情報を駆使して判断するほかない。選手はどれぐらい疲れているだろうか、レース全体をつかんで走っているか、次のコースについて把握しているか――ただ安全に運転するだけでも困難な状況で、優勝するための戦略を練り、実行するには、なまやさしい環境ではないのだ。

ヨハンは簡単にそれをやり遂げた。真の勝者が誰でもそうであるように。

もちろん、楽であったはずがない。勝利を手にするのは、そう簡単なことではないのだから。ツール二連覇をねらった二〇〇〇年の春、ヨハンと僕はフランス全土でトレーニング合宿をして、その年の主要な山岳ステージの練習を繰り返した。僕が自転車で走っている間、ヨハンは時速三〇キロで運転しながら何時間もサポートしてくれた。すべての道を研究しつくして制覇しようとする僕に、とことんつきあってくれるような奇特な人間は、他に誰一人としていなかった。

とりわけ鮮明な記憶として残っている、ある日の光景がある。それは、ヨハンと僕を象徴するような出来事だ。雨の降りしきる肌寒いその日、僕たちはピレネー山脈のスキーリゾート、オタカムにいた。そこは一二キロにも及ぶ上り坂で、その年のツールで最初の山岳ステージになる場所だった。雨が雪に変わり、氷の粒が体を打ちつける中、僕はペダルを踏み山道を上った。ヨハンと僕はいろいろな場所でアタックを試し、ポイントとなるカーブでは自転車を降り、タイムを稼ぐのに最適な場所か検討した。体力を温存すべきところはどこか。最大限に使うべきところは。暖かい部屋に戻れたら、どんなに幸せだろう。そんな思いが頭から離れないほどつらいコンディションの中、僕たちは山道を一時間ほど上り続けた。ヨハンも車の中にこそいたが、ゆったりくつろいでいたわけではない。降りしきる雨の中、窓の外に何度も頭を出していたのだ。タイヤは何度もスリップし、運転し続けていたせいで、身体の節々が痛み始めていただろう。そして僕に、味も栄養も抜群の食料を補給してくれた。けれど最も大切なのは、彼がそこにいてくれたという事実だ。勝つために必要なら、ヨハンは僕と一緒に自転車に乗ってくれただろう。そう深い所でわかっていた。でもそのとき必要だったのは、僕が身体を酷使しているのと同じように、車中の彼が頭をフル回転させることだった。

頂上で、ヨハンは僕の横に車を止めて、窓から顔を出した。栗色の髪が額にはりつき、水滴が顎のくぼみをつたって流れていた。

「どうだ、もういいか。車に入って熱いお茶でも飲もう」ヨハンは言った。
「いや」僕は首を振った。「まだわからないんだ」
「どういうことだ」ヨハンが訊いた。
「今ひとつ、上りがつかめない。まだものにしていないんだ。もう一度やろう」

まったくひどい話で、正気の沙汰とは思えない。二人とも寒さに震え、へとへとに疲れ切っていた。すでにどのチームがやってきたよりも緻密に、険しい峠を調べつくしたのだ。それをもう一度やれなんて言うやつは、この世に一人だっていないはずだ。正直に言えば、二人一緒でなかったら、そんなことはどちらも思いもつかなかったかも知れない。

でも、僕はヨハンからインスピレーションを受け、ヨハンは僕から決意を感じた。勝つためには、常識でははかり知れない何かをしなければならない。ヨハンはいつもわかっていてくれていた。

こうして僕たちは、もう一度山道を上り直した。それ自体は大したことではない。僕が忘れられないのは、ヨハンがそれ以上何も言わずに、三〇分かけて山道を下り、さらに一時間、再び一緒に上り続けてくれたことだ。

その年のツール・ド・フランス、僕はオタカムで黄色いジャージ《マイヨ・ジョーヌ》を手にした。素晴らしい栄光だ。けれど真の勝利をものにしたのは、あのみぞれまじりの日だった。あの日が、ヨハンと僕だ。勝つためなら何だってやる、何も疑うことなく。ゆるぎない信念を持って。奇跡に近いような、強い結びつきによって。

僕は勝利に惚れている。それ以上に、ヨハン・ブリュニールに惚れ込んでいるのかも知れない。

ランス・アームストロング

プロローグ　やるからには、勝利をねらおう

どうせはじめに同じ苦労をするなら、できる限りのことをやりつくして、
勝利をねらおうじゃないか。

「一体、どんな感じだった？」

よく訊かれる質問の一つだ。

かつて私が、どんな仕事を誰としていたのかを知った人は、まず訊いてくる。癌を克服したヒーロー。ツール・ド・フランス七連覇。地上最強のアスリート。あのランス・アームストロングと組むのは、一体どんな気分だったのか。その答えは一見シンプルだ。人生やツール・ド・フランスで私が見出した、大抵の答えと同じように。

「想像してごらん」と私は言う。くたびれたバスに乗ろうと列に並んでいたところを、いき

なり誰かにつかまれて、轟音を立てる戦闘機のコックピットに押し込まれたとしたら。誘われてチェスボードに向かったところ、持ち駒のキングが、守りを固める必要などまったくないほど、盤上を八面六臂に動きまわる猛烈な攻撃力を持った、前代未聞の代物だったら。「パワー」「興奮」「スピード感」。そういうことか、と人は納得する。

しかし大半の人は、このたとえのもう一つの意味を見落としている。ただのエキサイティングなものを超える何かに少しでも関心があるなら、重要な側面を。

たとえば、普通の人間を戦闘機に乗せたら、機体は煙のくすぶる鉄くずと化してしまうだろう。チェスの素人に特別なキングを与えても、常人の十手も先を読んで駒を進めるチェス名人であれば、名人の独壇場に終わるだろう。「筋肉」があっても「頭脳」が伴わなければ、話にならないのだ。

自転車競技というスポーツや、監督とスター選手のきわめて共生的な関係を知っている人は、二つ目の重要な質問を投げかける。

「ランスと君がお互いに出会っていなくても、やはり勝利を手にしていただろうか」

この問いに簡単な答えはない。ランスと私は、まさに絶好のタイミングで出会ったのだから。

当時、すでに二人ともある程度の成功をおさめてはいた。だが、自分の本当の適性――トップにのぼり詰め、自らの可能性を最大限まで引き出せるような何かの正体は、まだ見つけていなかった。

一九九八年当時、三四歳の私は、一一年の現役生活に終止符を打ったばかりだった。選手としての絶頂期は、ツール・ド・フランスでの二度のステージ優勝。総合リーダーに与えられる黄色いジャージ《マイヨ・ジョーヌ》も一度は身につけたが、勝因はフィジカルな能力というより、巧妙さと戦略スキルにあった。確かに私は、勝者の頭脳と精神を備えていたが、「エンジン」に欠けていた。ベストをつくせば強敵に勝つこともあった。けれども、ツール・ド・フランスで総合優勝を手にするには、身体能力が足りない。それが厳しい現実だった。

一〇代のころから自転車競技をやってきたが、本当にやりたいことは何なのか、よくわからなかった。幼いときから、何かの偉大な勝者になることが自分の宿命だという予感はあったが、実績はそれを裏切っていた。自分の成績に失望はしていなかったものの、決して満足していたわけでもない。

ある意味では、十分素晴らしい評価に値する。自転車競技の最高峰までのぼり詰め、偉大な選手や華々しい面々とレースに参加し、世界を股にかけた生活を送っていたのだから。新しい自転車やジャージや服を毎年のように手に入れ、生活は快適だった。プロへの道を諦めた人なら誰もが夢見るような人生を、私はまさに歩んでいたのだ。

そのことは確かにわかっていたし、ありがたいとも思っていた。一方で、子供のころ夢見ていたような形で、スポーツ史に名を刻んでいるわけではないことも痛感していた。

まず私は、プロ選手組合のリーダーになってはどうかと考えた。当時の組合は、選手の支援組織としては弱く、まとまりがなかったからだ。一団となって積極的に行動を起こせば、あらゆることが比較的簡単に実現する。それを誰かが選手に伝えなければならない。

たとえば、給料の値上げ（何年も現役生活を過ごした選手でさえ、年収数万ドルというケースもある）、保証条項のしっかりした契約、充実した保険。いずれも重要な課題だったが、私が考えていたような形での功績を残すような仕事でないことは確かだった。

それからチームのマーケティングや、レースのプロモーションもできるだろうと考えた。アマチュア選手時代に、ベルギーでマーケティングを勉強していたからだ。アイディアが実際に運用されて人に伝わり、優れたマーケティング戦略によって物事がエキサイティングに変化する過程。アイディアの誕生から、そのプレゼンテーションへの論理的で整然とした流れ。そういったプロセスに私は魅せられていた。さらに、五カ国語を話せることも強みだった。私は幸い語学が得意で、どの外国語の授業もいい成績をもらった。プロサイクリングが盛んなヨーロッパのどの国でもコミュニケーションに困らないことは明らかだった。

いずれも、ごく自然な道に思えた。それにもかかわらず、何かが私を踏みとどまらせていた。潮時だとわかっていたが、ここで引退してしまったら、レースに負けたという感情を一生引きずるだろう。

負けるのは絶対にいやだった。敗北への憎しみは、勝利への愛より強烈なものだったから。

こうして考えると、チーム監督という選択肢について、なぜ当時思いもつかなかったのか不思議だ。チーム監督は、野球やバスケットボールの監督に相当すると言われるが、実際はCEO兼監督のような存在だ。当然、出場メンバーを選定し、シーズン全体と各レースの作戦を立て、指示を出し、選手をまとめ、励ましてトレーニングをする。だがそれだけでなく、ファンからは見えないようなスタッフの管理も必要だ。たとえば理事会や副監督、メカニック、マッサージセラピスト、医師、事務マネージャー、法務担当者、広報、さらにはバスの運転手やシェフなど（私が監督したUSポスタルサービスとディスカバリーチャンネルチームでは、選手二八名に加え、総勢四〇名のスタッフがいた）。チーム監督になりたくなかったわけではなく、考えもつかなかったのだ。経験もない私を、誰が雇ってくれるのだろうか、と。

仮に経験があったとしても、ランスがいたUSポスタルサービスを第一候補として考えることはなかっただろう。当時のUSポスタルは、ランス本人も話しているように、「自転車やチームカー、ジャージや機材もすべてバラバラな、『がんばれベアーズ』的なチーム」だった。チームの総予算はたったの三〇〇万ドルで、トップクラスの選手の給料よりも低かった。

そしてランスは、人類の可能性と希望と勝利の象徴である、現在の「ランス・アームストロング」ではなかった。執念とやる気と恵まれた身体能力を備え、優れた成績をおさめていたが、まだ完全に開花はしていなかったし、当時はまだ無理だった。彼は二七歳で、プロの選手集団――いわゆる「プロトン」――の中では、まだ子供のような存在だった。

癌で倒れる前は、一日で終わるレースで走るワンデーレーサーとしての将来を約束されていたが（二一歳で世界選手権優勝、ツール・ド・フランスで二回のステージ優勝）、カムバック後は、レース棄権など今ひとつの成績（スペイン一周レースのブエルタ・ア・エスパーニャで四位）の連続だった。ツールのチャンピオンではなく、まだ発展途上の選手だったのだ。

ランスと私は、いろいろな意味で正反対だった。私はベルギーに生まれ、にぎやかな大家族に囲まれて育った。ベルギーでは自転車競技がサッカーの次に人気の高い国民的スポーツで、全国放送で年間二〇〇日も自転車レースが中継され、国内各地で毎日のように開催されるレースには何千人もの観衆が集まる。将来有望な選手は、機材やレース費用をまかなわれる形で、地元のファンやコーチに一〇代のころから育てられる。物心ついたときには、私は選手に囲まれていて、いつかその一人になろうと熱望していた。アメリカの少年なら誰もが、一度はバスケットボールのスター選手を夢見るのに似ている。私の家族や近所の人たちは、毎日のように自転車に乗っていた。地元では週末にレースがいくつもあり、ウィークデイに開催されるものも多かった。スピードは速く、コーナーはきつく、道はひどいコンディションで、雨風にいつも立ち向かわなければならなかった。

少年のころから身体能力に恵まれていた私は、地元の「スター」になり、一〇代になるとさらに広い地域でも有名になり、国内レベルで一目おかれる存在になった。二〇代に入ってからは、世界でもトップの選手と走れるレベルだということがわかり、素晴らしいキャリアへの道を歩んでいると実感した。ベルギーでは、プロの自転車選手になれる者は、異端な存在どころか、幸運で、才能と覇気があるとされているのだ。それはベルギーのアスリートがたどる、ごく自然な道だった。

世界クラスの選手を相手に走るようになり、近所の幼なじみを相手にするのとは訳が違うと気づくまで、そう時間はかからなかった。同時に、頭脳と精神力で勝てることにも気がついた。相手選手のフォームや、彼らが自分では気づいていないような微妙な変化まで観察して学ぶ。コースの様子や地形を研究して、一つひとつのレースに周到な戦略を練る。謎に満ちた自転車レースというスポーツのニュアンスや真理を理解する。私はまるでスポンジのようにすべてを吸収した。

たとえば、二人の選手が集団から飛び出して先頭を走っているときは、お互いの協力が必要になる。後続の集団に追いつかれないよう体力を温存するため、交代で先頭を走ってお互いの風除けとなるのだ。ところが、こうして何キロも、何時間も、兄弟のように協力し合ってきた二人がゴールに近づくと、お互いを蹴落とさなければならないライバルになる。追い越すタイミングは早すぎてもいけない。無理な独走は集団に追いつかれるからだ。

一日だけのワンデーレースではなく、特に何日も続くステージレースの場合、戦略は驚くほどシンプルで、バリエーションも多くはない。

たとえば、一度ライバルを上回るタイムを出せば、次の日からは相手に勝つ必要はなく、ただ相手について行き、タイムを奪われないようにすればいい。首位の選手は集団に引かれることによって勝つ。それは敵もわかっているから、何度もアタック（集団から飛び出すこと）をしかけてくるのは明らかだ。

　また、チームのエースが後れをとっている場合は、同じチームの二番手を前方に送り、先にアタックさせる。アタックに成功し、うまく集団から逃げた二番手は、首位の選手からトップの座を奪うぐらいタイムを稼ごうと走る。すると、首位の選手はエースにつくのではなく、二番手の選手にアタックをかけなければならず、疲れが溜まり、その後のアタックについて行けなくなる。一方、二番手が逃げ切ってもタイムが十分に稼げない場合は、ペダルを抜いて待たせておく。エースがアタックをかけると、首位選手もついてくるはずだ。そうして孤立した首位選手に、先で待っていた二番手と交代でアタックをかける。

　自転車ロードレースの経験がある者なら、誰でもこういった戦略は知っている。しかし、めまぐるしいスピードで進むレースの混乱の中、タイミングよく安定して戦略を実行できるのは限られた人間だけだ。コースを完璧に把握し、その日の相手のコンディションの微妙な変化を頭に置きながら、かつレースから一歩引いて、戦略に集中できる者はひと握りしかいない。ロードレースの戦略はシンプルだが、ゴールにボールを入れれば点が入るような簡単なものではない。その複雑さを私は楽しみ、自分よりもはるかに才能のある選手とどうやって肩を並べるか体得した。

一方のランスは、今ではよく知られているように、生まれたときに実の父はおらず、継父とはうまくいっていなかった。母親は実質的に一人でランスを育て、苦しい生活の中、多くを犠牲にして、わずかながらもできる限りのものをランスに与えた。しかも彼は、自転車がスポーツのハイテク技術の逸品としてではなく、子供のおもちゃとしてしか見られないような、アメリカで育った。

私は、自国の伝統である自転車競技を子供のときから始めたわけだが、ランスは、アメリカで例外的な存在だった。ヨーロッパの選手とは違い、がむしゃらなパワーと根性で勝負に挑んだ。レースの伝統や不文律などまったく無視して。

だが、年齢を重ねた経験者の私と、威勢のいい若者だった彼とが対戦したとき、強烈な美しさと苦しみという経験を共有し、不思議な結びつきが生まれた。一九九八年、何かを模索していたランスが、引退したばかりの私にチーム監督になってほしいと言ってきたとき、お互いにとって絶好の機会であった。

ランスのチーム監督になれるチャンスを目前にして、私はなぜ自分が他の道に踏み込むのを躊躇していたのか、やっと気づいた。「普通の仕事」ではだめだったのだ。トップの座をつかめるような、最後のチャンスがほしかったのだ。現役生活は、私が何らかの形でトップになれることを示してくれたが、また別の形で阻んでもいた。そして今、わかった。地上最高峰のレースで、最高のチーム監督になれるチャンスが到来したのだ。

ツール・ド・フランスがスポーツイベントの頂点であるのは、それがただの自転車レースを超えたものだからだ。ツールは、単なるレースではなく、人生そのものだ。

三二〇〇キロ以上にも及ぶ、一カ月もの物語。新しい英雄が生まれ、古き英雄は蹴落とされる。得も言われぬような勝利や悲しみの感情が長い間続く。悲劇や病気が起きる。家から離れながら、同時に帰途に着くその道のりで、赤ん坊が誕生することもある。深い友情やライバル関係が生まれる。自転車だけでなく、車の事故も起きる。あらゆる方法を使って、卑怯な真似をする選手も昔からあとを絶たない。

誰かの言葉を借りれば、「ツールは、レース期間中に髪が伸びすぎて切らなければならない」ぐらい長い、唯一のスポーツイベントなのだ。このような混沌と美しさこそが、私がツールを人生になぞらえる理由だ。それは、自分を試したいと心から熱望させる場所なのだ。

ロードレースとツールについての私の知識のすべてが、ランスについて何かを教えようとしていた。当時ランスは、ワンデーレースでは優れた選手だったが、ツールを完走したことはなかった。その上、自転車競技界だけでなく、スポーツ界で最も不可能だと思われるようなカムバックをしようとしていた。私は理性のスイッチを切り、自分の心に耳を傾けた。

監督をやることにしよう。そして私は、ランスが驚くような提案をした。

「ツール・ド・フランスにねらいを定めよう」

「いいけど、どの区間《ステージ》がいいかな。ステージ優勝ならいくつかねらえるけど」ランスは答えた。

「いや、ステージ優勝じゃない。表彰台に立つ君を見たいんだ。総合優勝をねらおう」私は言った。

ランスはしばらく黙っていた。数年後、このときのことを「無理な話だと思ったさ。でも、あのとき、失うものは何もなかった」と語っている。

「いいか。どうせ参加するなら、勝利をねらおうじゃないか」

私の言葉に、ランスはようやく答えた。

「わかった。やってみよう。ツール・ド・フランスで優勝しよう」


やるからには、勝利をねらおう。私は、いつもそう考えていた。ツール・ド・フランスでも、新しい仕事でも、あるいは娘のキッズサッカーのコーチでもいい。何かに挑戦するとき、どうせはじめに同じ苦労をするなら、できる限りのことをやりつくして、勝利をねらおうじゃないか。いずれにせよ、その場にいるんだろう。だったら、トップの座を手に入れようじゃないか。

考え方自体は、ごくシンプルだ。だがこれには、自転車レースと同じように、あるいはランスと組むのはどんな気分だったのかを説明するのと同じように、深い意味がたくさん隠されている。

一九九九年から二〇〇五年の七年間、私はランスと共にツール優勝の座を手にした。そして、ランスが引退した翌年に優勝を逃がしたとき、勝利に必要なのは何か、敗北からどうやって勝利を学ぶのか、一生分の知恵を身につけたのだ。

ツールは私の成長をもたらす試練となり、私は史上、最も成功をおさめた監督となった。よくある「勝利への一〇カ条」などという、聞こえのいいキャッチフレーズや箇条書きでありふれた空論では、勝利をつかむことも、敗北を勝利に変えることもできない。勝利を得るためには、人生やレース、数々のエピソード、栄光と失敗の経験を積まなければならない。それをただ暗記するのではなく、身を挺して吸収しなければならない。誰でも人生においてそういった機会があるはずだ。

私たちは毎日、成功と失敗に直面する。手をさしのべてくれたり、じゃまをしたりする人間に出逢う。攻撃《アタック》をかけるか、ついて行くべきか、選択肢を迫られる。どうすればいいのか決断できなかったり、正しいことをしているのかわからないときもある。

一つ確かなのは、勝利は信じることから始まるということだ。専門家が何と言おうと、事実が何を示そうと、あるいは金の権力やメディアやファンが、どこかに私を動かそうとしても、本書のエピソードや私の人生に一貫しているのは、常に自分の心に従って決定を行なってきたということだ。いったん決めたあとは、それに向かって最後まで突き進んだ。崖を飛び降りるように、一つひとつの決定を下した。絶対に躊躇はしたくなかった。

かと言って私は、ただ闇雲に突き進んできたわけではない。地に落ちて、犬死にするのはいやだった。高くジャンプして、大空を翔びたかった。目のくらむような崖から飛び降りるには、勇気が必要だ。下に落ちてしまうのではなく、はばたくためには、グライダーやジェット機を設計できるような頭脳か、あるいは地面に落ちる前にそれをつくることができるような機転がなければいけない。

本書は自伝ではない。ツール・ド・フランスでランス・アームストロングとアルベルト・コンタドールと築いた記録を逐一追っただけのものでもない。

これは、私の全身全霊が記憶している、さまざまな瞬間を体現したものだ。どのようにして勝利をおさめ、敗退し、再び勝利を手にしたかについての、シンプルだが深遠なストーリーだ。そしてそれはすべて、ランス・アームストロング、ツール・ド・フランス、自転車レース、私の父、さらに自分の心臓が刻む音から学んだことなのだ。

第1部

勝利から学んだこと

第一章　理性を持って、心の声を聞け

私はその日、初めて頭と心を一緒に働かせ、
現実を超えた何かをつくりあげたのだ。

一九九三年、私は奇跡を起こした。

あるいは、奇跡は誰かに授けられたのかも知れない。今日という日まで、答えはわからない。ただわかっているのは、その日、身体能力や、頭の冴えや、情熱という、レースに勝つためのすべての要素が初めて一体になったということだ。すべてを賭けて走った、悲しみをたたえた奇跡の日のために。

数年間、ベルギーのアマチュアチームや小規模のプロチームで気骨のあるところを証明したあと、私はスペインのチーム・オンセに入った。オンセはトップクラスのチームで、ツー

ル・ド・フランスの常連だ。当時、ローラン・ジャラベールやアレックス・ツーレなどのスター選手がメンバーにいた（後年ツール・ド・フランスでランスと優勝を争うことになる）。

そのような名だたるチームで、私は明らかにトップ選手ではなかった。チーム・リーダーの犠牲となる強力なアシストでさえなく、ちょうどその中間の存在だった。グランツール（ツール・ド・フランス、ブエルタ・ア・エスパーニャ、ジロ・デ・イタリアの三大レース）のステージや、ワンデーレースなら優勝できる。だが、私の本当の価値は、戦略家としての役割だった。私にはレースや選手を読むスキルと、勝利を導く動きへの勘が備わっていた。

ある選手のペダリングがばらばらだ。他のチームのある二人の様子がおかしい。前の夜ケンカでもして、レースで協力し合わないつもりかも知れない。レース中、まるでレーダーのように全体を見渡していると、そういったことに気づく。私の頭は、ペダルを回す脚よりも速く回転することがあるようだ。

この戦略スキルのおかげで、私はグランツールで一役買うことができた。チームの好成績はフィジカルな面だけでなく、戦略によるものでもある。その年の春、ブエルタ・ア・エスパーニャ（現在は秋期開催）で九位につけたとき、オンセの監督は私に、ツール・ド・フランスへの参加を約束してくれた。

私は父に早く伝えたくてたまらなかった。今どき流行らない話かも知れないが、父はいつでも私の一番のファンだった。それは、他にファンがいなかったから、ということではない。ベルギーでは、選手として有望な子供がいると、地元の人がファンクラブのような存在となって選手を育ててくれる。パブで集い、ビールを飲むいい口実ができるからだ。バスに乗ってレースに出かけて、ひいきの選手を大声で応援する。応援自体が目的というよりは、一緒に何かをやりたいのだ。ベルギーという国で、ビールとロードレースに、男性の集団、熱心なファンが集まれば、かなりエキサイティングな場になる。

その中で父はいつも、一番熱烈なファンだった。私が八歳か九歳のころ、まったくサッカーの才能がないことがわかったときも、気にする様子はなかった。それは野球で言えば内野ゴロしか打てないのに似ていたが、父はただ、新しいスポーツを試させてくれた。しかし、卓球以外の球技はすべてだめだった。だからといって卓球選手になることは、私が思い描いていた夢ではなかった。

私はいつも自転車に乗っていた。ヨーロッパの子供なら誰でも、ごく幼いころから頻繁に自転車に乗るものだ。スポーツのためだけではない。登校や買い物に、週末には町中へ、あるいは隣町へ友人と走る。自然と近所の道や、最も急な坂の上まで仲間同士のレースが始まる。そしてある日、ロードレースの大集団がものすごいスピードで風を切って目の前を横切る。その音はまるで大きな機関車のようだ。選手たちは大声で何やら声を掛け合い、笑い合っている。派手な色のジャージを着て、信じられないような速さでペダルを踏む。まるで、校庭やグラウンドを飛び出してきた大人が楽しく遊んでいるかのようだ。地元のアマチュアクラブの選手のトレーニングか、非公式のレースか、クラブのチャンピオンを決めるレースなのかも知れない。

私の父も、そういったクラブに所属していたが、仕事や家庭生活の合間にできたトレーニングでは、到底プロレベルに及ばなかった。それでも、普通のアマチュアライダーよりもスキルは高く、スピードも速く、何度も激しいレースに参加して、同じように趣味で走っている他のアマチュア選手を脅かすようなスピードを出した。仕事のかたわらでやるレベルとしては、真剣に取り組んでいたのだ。

私は父と一緒に自転車に乗るようになった。はじめに感じたのは安心感だ。父の仲間と一緒にいるのは居心地がよかった。一三歳のころには、トレーニングでのスプリントや家の周りの上り坂で大人を負かすようになっていた。私には素質があったようで、速い集団で走っているときも心拍数は他の人たちより低く、スプリントのためにサドルから腰を上げるとき、ペダルを踏む足は速く、ギアも一段重いものを使うことができ、心拍数の限界ぎりぎりまで、人の二倍の時間ペダルを踏み続けることができた。また私には、ある種のしなやかさが備わっていた。それは足の動きや座り方だけでなく、ハンドルさばきや、コーナーの攻め方や、轍《わだち》を避ける方法や、集団の中の切り抜け方などだ。何らかの才能に恵まれているのは確かだったが、それがどのぐらいなのかは誰にもわからなかった。平均以上だというだけなのか、それともプロになれるのか。なれるとしたら、月並みなプロなのか、それ以上の活躍ができるのか。

一つわかっていたのは、いつのまにかスピードや距離、強さのすべてにおいて、私は父の仲間を超えていたということだ。父は大満足だった。私がアタックに成功すると嬉しそうに笑い、過酷なレースの終わりには肩を叩いてねぎらってくれた。集団の先頭から飛び出して逃げを打ち、ぐんぐん引き離したときには、後ろの方で父が大声で応援しているのが聞こえた。失敗したときの励まし方も父はうまかった。初めてゼッケンと参加費のある公式レースに出場して、ひどい落車をしてしまったときも、父は「緊張していたんだろう」と言っただけだった。その一言で、それが乗り越えられないような悲劇ではなく、簡単に克服できるミスなのだと思わせてくれた。

ベルギーは、雨と冷気の中、石畳の路面を走るレースや、身体的にも精神的にもつらくて長い、泥だらけのコースで有名だ。ベルギーでは、そのようなレースに勝った者が国民的英雄として扱われる。他の国の選手はこう考えている。ベルギー人は代々、最悪のコンディションでトップに立つために生まれてきたのだと。

泥だらけのレースで勝利を勝ち取る選手は、ベルギー人の象徴だ。だから、父が私にいろいろな自転車レースを試させたあと、結局、最も向いているのがトラックレースだとわかったのは、皮肉なことだった。トラックレースは通常、全長三三三メートルの楕円形をした「ヴェロドローム」と呼ばれる競技場で行なわれる。走路はコンクリートか板張りで、カーブには傾斜《バンク》がついており、すり鉢のような形状をしている。走路の上部まで上り、カーブに入ってバンクを下がるときは時速七〇キロにもなる。トラックレーサー（トラックレース用の自転車）のスピードは一段階のみで、後輪が回っているときはペダルも回るため、惰走ができず、ブレーキもない。フレームの長さはきわめて短く、チューブとハンドルバーとサドルの角度は鋭角だ。このため、思考の速さと同じぐらいの、恐ろしいようなスピードが出る。走路の表面がなめらかなので、フレームも通常よりはるかに硬い（普通は道のコブや震動を吸収するため剛性は捨てる）。つまり、自転車の柔軟性によって脚の力が失われることが少なくなる。

トラックレーサーでのスプリントは、大砲を放つようなものだ。私を優れたトラックレース選手にしたのは、ペダルを踏むパワーではなく、トラックレースの性質にあった。すでにハイレベルのレースに出て、身体能力という面で私はトップになれないことがわかっていた。一方、トラックレースでは、自転車の反応が速く、集団の動きを止めるブレーキもないため、敏速な判断力が必要になる。たとえば、後続の集団からどの選手がアタックをかけてくるか判断して、集団をくぐり抜けて、アタックをかけた相手の真後ろにつき、そのままゴール近くまで風を除けながらついて行く。そういった勘に私は優れていた。他の選手に比べてポイントレースのような複雑なレースも得意だった。ポイントレースでは全周回数においてポイントが与えられるが、私はどの周回でどの選手がポイントを得たか、トータルポイントはどれぐらいなのか、自分がトップになるためには次のチェックポイントでどれぐらいの順位につけなければならないのか、すぐに判断できた。

私は泥だらけのレースでは勝者になれなかったが、トラックレースではチャンピオンだったのだ。

一三歳のときから、短大と四年制大学の中間にあたる学校にいたときまで、アマチュア選手として相当のキャリアを築いた。トラックレースの国内選手権で数回優勝し、ベルギーでは誰もが知っているようなレースで勝利を手にして、ヨーロッパの他の国のチームからときどきスカウトも来ていた。そんな中で私が浮き足立たなかったのも父のおかげだ。国内で同年代の選手を負かすのは、たとえばテレビで一緒に見るツール・ド・フランスの名選手と走るのとは訳が違うということを父は教えてくれた。

私と同じレベルのアマチュア選手の多くは、私と同様の成績をおさめ、その後はビジネスマンになるか、あるいはスポンサーとのコネを使って、会計事務所やマーケティングなどの部門の長として身を固めていた。私は父と相談して、トラックレースを続けながらマーケティングを専攻することに決めた。プロ選手になれるぐらいの実力はあるが、トップレベルになるのは無理だとわかっていた。参加した大きなレースでは必ず二人か三人は自分より速い選手がいた。その二、三人に、ある週末ヨーロッパ全土で開催される全レース数をかけてみると、自分が全体ではもっと下の方にいることがわかっていた。いずれにしても、私はトラックレースと同じぐらいマーケティングにも興味があった。ポイントレースでポイントを記憶するだけではなく、もっと頭を使う何かがしたかったのだ。

この計画は非常にうまくいっていた。だが卒業前の最後の年、残念なことに学外での私の成功をよく思わない教授がいた。以前、レースの準備をするため、あるゼミをこっそり二時間早めに抜け出していたことがこの教授にばれてしまい、懲戒委員会に呼び出しを食らった。今でもなぜだかわからないのだが、この一件だけで、すべての期末試験の受験資格を剥奪された上に、夏休みにすべての授業を受け直し、九月に再度、試験を受けろというのだ。それでは夏のレースに参加できない。レースかマーケティングか、結論を先延ばしにしていた選択は、否が応でも決められてしまったことになった。

私は父に相談した。父は宝石商として成功しており、時計職人でもあり、大きなリスクを冒すような人生は歩んでこなかった。

「それで、ヨハンはどうしたいんだ」

私は言葉に詰まった。すべて手に入れたかったのだ。レースも、父が家族を支えてくれたような堅実な仕事も。それから、父が築いてくれたような家庭も。

しばらく待って、父はまた訊いた。「自分の気持ちは、どうしたいと言っているんだ」

「……授業を受け直すのはいやだ。レース選手になりたい」

すると、リスクを冒すこととは縁遠いはずの父が、こう答えた。

「わかった。自分の気持ちに従えばいい。レースをやりなさい」

そのシーズン、私はツアー・オブ・ベルギーで第二位になった。このレースは、ベルギーで高い人気を誇り、マスコミでも大々的に取り上げられる。続いて、タイムトライアル国内選手権で優勝した。これで次のシーズンを通して、すべてのタイムトライアルでベルギーカラーのジャージを着用することになった。もちろんあくまでも国内に限った話だが、ある意味では、ちょっとしたスター扱いだった。さらに私は、次のシーズンにおけるメディアでの私の露出度を見越した、小さな新チームの監督の目にとまった。スポンサーはリエージュにある銀行だ。ひと月に約七〇〇ドルの契約料でどうかと訊かれ、私はそのオファーを受けた。レースの大半は地域レベルで開催されるもので、国外には滅多に行かなかった。派手なタイプのレースではなかったし、観客にとってもエキサイティングなものではなかったかも知れない。それでも父は、可能な限りいつも見に来てくれた。レースが終わると、職人だった父らしく、時計を分解して小さな部品を一つ一つ調べるように、レースを一緒に分析してくれた。

それから私のキャリアは、まるで父の店にある時計のように順調に時を刻んでいった。二年目には、ツール・ド・ラブニールというレースでステージ優勝を手にした。知名度は決して高くないが、ヨーロッパでは有名なレースだ。翌年は、ツール・ド・スイスで二度のステージ優勝。その後、世界で最大のチームの一つであるチーム・ロットからオファーを受け、その数年後、チーム・オンセに移った。

父は小さな子供のように喜んでいた。もっと嬉しそうな顔も見たことはあったが、そんなふうに喜んでいる姿を見るのは、初めてだった。

父はいつも、私やチームと一緒にいるのが好きだった。監督とはお互い母国語以外でしか会話できないこともあったが、それでも仲良くなっていた。監督は、会員は父一人だけの私のファンクラブを歓迎し、とても気に入ってくれていた。私がツール・ド・フランスにオンセから出場すると知ったとき、五三歳だった父の顔はまた少年のような喜びでいっぱいになった。ツールまでは一カ月半あったので、その間私は父のクラブと一緒に走る予定だった。

ツール開催の五週間前のある夜、父は店を閉めて、クラブの仲間と自転車で走りに出かけた。仲間はプロ選手ではなかったが、地元では一番強いアマチュアクラブの選手で、父はそこで最も実力があるうちの一人であり、一番の人気者だった。地元で父を知らない人はいなかったし、本当に皆、父のことが大好きで、私がどんなに有名になろうと、地元ではあくまでも父の息子だった。そして父は「ヨハン・ブリュニールの父」となったことに誇りを持ってくれていた。

けれどもその日、家から一キロも離れていないところを自転車で走行中、父は心臓麻痺を起こして、そのまま帰らぬ人となった。

私の世界が止まってしまった。

うまく説明できないが、妹のデイジーが父の死を電話で知らせてくれたその瞬間から、すべてが止まってしまったのだ。やるべきことはやった。家に戻り、母を慰め、本当は今にも自分がばらばらになってしまいそうだったが、平気なふりをした。最もつらく恐ろしかったのは、時間が、さらには地球の自転が止まってしまったように感じたことだった。それはまるで時という泥沼の中をもがきながら、何とか力を振り絞って前に進もうとしているような感覚だった。

レースなど、到底無理だ。動くことさえままならないのだから。葬式の二日後、私はまた自転車に乗ってみた。乗らなければならない。ツールはもうすぐだ。一番のファンだった父のためにもがんばらなければ……。

無理だった。思うように走ることができない。過酷なトレーニングをするときは、人がいない方がつらさに耐えられるため、いつも一人でやっていた。しかし今は、自分を痛めつけるまでペダルを速く踏むことができなかった。やろうとしてもトレーニングにならない。何か見えないもの——液体なのに動かない、何か力のようなもの——の中でペダルを踏んでいるようだった。私はサドルの上ではなく部屋で座っていることの方が多くなった。自分の脚を見つめて、一体何が起きているのか考えた。心は空っぽなのに、石のように重たい。私はついに自転車を部屋の隅に押しやった。それが何を意味するのかわかっていた。自転車だけでなく、ツールに出るチャンスも押しやったということを。

二週間が経った。

ツール参加はもう無理だ。ずっと乗っていないからコンディションも低下している。ある夜、私は一人で涙を流した。

私は父のために泣いた。ツール・ド・フランスがこの手からこぼれ落ちていく。まるでレースでどうしても追い越せない相手のように、目の前から遠ざかっていく……。そう気づいたとき、父の死に打ちのめされたまま、脱け出すことができなかった私に何かが起きた。自転車を取り出し、ハードなトレーニングを再開した。平坦で楽な道を猛烈と走り、あの心地よい深い痛みを感じるまで乗り続けた。そうして自分が何をするべきなのか、ようやく気づいた。

「ツールに出ます」出し抜けに監督に伝えた。余計なことはいっさい言わずに。

参加するだけでなく、全力でステージ優勝をねらうつもりだ、とは言わなかった。もし口に出していたら、本当におかしくなったと思われただろう。ランス・アームストロングだってステージ優勝の予告などしないものだ。第一、予測できない要素が多すぎる。コンディションはどうなるか。誰がアタックをかけてくるか。天候はどうか。他の選手やチームは、集団を引っ張るのか、あるいは自殺的な逃げをしかけるのか。その決め手となる、前日までのステージ展開は。

だが私は、第六ステージで勝つ、と心に決めた。

誰にも言わなかった。私だけの誓いだ。何も負けることを恐れていたのではない。誰にも言いたくなかっただけだ。それにステージ優勝に向けて、ひとりだけで集中しなければならない。まるで試験の準備をするように。

これが、よくある「愛はすべてに勝つ」という話なのであれば、ロマンとヒロイズムのストーリーになるだろう。だが実を言えば、私はしたたかに計算していたのだ。ツールに出場するだけでなく、勝利を父に贈ろう、途方もない夢に向けて全力をつくそう、と心に決めた私は、頭脳に計画を一任した。

ランスが登場する以前、繰り返し何度もコースを研究するような練習をする選手はいなかった。そんなことができるようなスケジュールも組まれていなかったが、それに近い練習方法を私は実践した。コースの地図を見て、地形を何度もつぶさに調べる。さらにレースの一日一日について、地形だけでなく何日目に当たるかということを考え、相手が誰なのか、目的は何か、シミュレーションした。

私の決意がいくら固くても、山岳ステージでは絶対に勝ち目がないことはわかっていた。平坦ステージはスプリンターチームの見せ場になるだろう。スプリンターチームは何時間もハイペースで集団を引き、早期に逃げる者がないようにする。誰かに逃げられたら、自分たちがゴール前を時速一一五キロで逃げ切るチャンスが失われるからだ。また、後半のステージまで待つとチームが総合優勝争いに絡んでいる可能性もあり、勝手な個人プレーはできない。水の補給、エースの風除け、逃げ集団（プロトンから抜け出して走るグループ）を捕らえるなど、チームプレーに徹しなければならない。

私は情報を集めた。それはレース選手というよりは、税理士のようなトレーニングだった。あるいは、精確で忍耐強い時計職人のようなアプローチだったかも知れない。

序盤の第六ステージは、起伏の激しい全長二六〇キロのコースだ。強い選手だったら、ついてこようとする者を潰せるぐらいのアップダウンの連続だ。その選手が集団をずっと引き離したままでいられるかどうかはまた別の話だが。

その日は風が強かった。レースに適した気温で、筋肉をほぐすのにはちょうどいい。エヴルを抜けて、追い風を受け、五キロも行かないうちに集団がすぐにアタックをしかけてきた。スティーブ・バウワー率いるグループで、いずれもずっと独走できるぐらい強い選手ばかりだ。だが分析してみたところ、強豪チームの一つだったパナソニックの選手が逃げ集団にいない。それならば、パナソニックは逃げ集団を追撃して、レースをコントロールしようとするはずだ。私は、そのまま一〇〇キロの間、レースを引っ張った。

プロトンが逃げ集団を捕らえた。すぐに次のアタックがあるだろう。典型的なカウンターアタックだ。私はじっくり待った。先頭の近くにつき、なるべく体力を温存するよう注意しながら。

来た！　ヨハン・ムセウら、強力な六、七名のグループのアタックだ。ムセウは世界で最も過酷なワンデーレースと言われるパリ〜ルーベで三度優勝をおさめた選手だった。私たちは一列になり、先頭になると、猛スピードで引っ張った。まるでスピードという目的に向かって一緒に動く機械のように。

数キロが飛ぶように過ぎた。追い風を受けて、時速五〇キロを超えた速度で飛ばした。実況アナウンサーは、ツール史上最もハイスピードのステージになるかも知れないと言っていたが、そんなことはどうでもよかった。

そう、どうでもよかった。まず、逃げ集団にいる私たちがスピードを上げると同時に、後続の集団はもっと速度を上げていた。タイム差はどんどん縮まっている。この猛スピードの逃げ集団から何とか飛び出さなければならない。このような状況では、最後の一・五キロ地点前までは協力して後続集団を抑えろというのが定石だ。そして最後の数分でアタックをかけ合い、最大限の力を出し切って集団から逃げ切る。しかし今回は、ゴール間際になったらこの逃げ集団を相手にして逃げ切ることはできないとわかっていた。今、勝負に出なければならない。

ゴールまであと二〇キロ地点で、狭く険しい上りに出た。私はサドルから腰を上げて、悲しみ、怒り、愛、孤独、後悔、記憶、喜び、敬意のすべてをペダルに込めて、アタックをかけた。一・五メートル、三メートルと引き離す。ついてきた選手もいたが、そのうち諦めた。

彼らの行動は正しかった。アタックが早すぎる。私は一人で、ゴールまでそのまま独走すれば当然ばてるだろう。しかし私にはかたい決意があることを彼らは知らなかった。

よし、逃げ切った。もう私の姿が見えることはないだろう。

いや、彼らに私は見えていたが、ついてくることができなかったのだ。

この日私がやり遂げたことは、身体的に可能な次元を超えていた。追い風の中、集団から一人でこんなに長く離れた選手はいない。つまり、こういうことだ。

集団なら選手を犠牲にできる。時速六五キロという、とんでもないスピードで誰かが集団の先頭につく。誰もそんな速度で長い間走り続けることはできない。すぐに無理が来て、ゴール近くでは息も絶え絶えになるだろう。その選手が潰れても、集団の他の選手が同じ速度で追いかけて、ばてるまで走る。さらにまた一人。後ろには、風から守られてラストスパートをかけるために体力を温存したエースがいる。

一方、その先で独走している選手は、平均時速四八キロで走る。ものすごい速度だが、集団より一七キロ遅いスピードだ。休むことなどできない。残酷で、容赦のない競技なのだ。

私はペダルを踏み続けた。痛みも何も感じなかった。それは人生で最も純粋な瞬間だった。私自身脚はただペダルを踏み、肺はただ空気を吸って吐き出し、心臓はただリズムを打つ。私自身と、ここまで猛烈に働いて戦略を練ってくれた私の頭脳は、パニックや迷いや計算を拒絶していた。私はただペダルを踏んだ。奇跡的な速さで、何も考えずに。

後ろで、プロトンが逃げ集団を捕らえた。

「先頭はたった一人です！」とテレビのアナウンサーが叫ぶ。

「逃げ集団から独走した選手、差はたったの三〇秒！　追いつかれるのは確実！」

細い二車線道路の中央の破線上を私は走った。すぐ後ろでオートバイがビデオを撮っている。道はカーブし、太陽の光が後ろから差して、行く手に私の影を映した。まるで、前を走る選手のように見えた。私は自分の影を追った。ラスト一キロの横断幕を越した。柵から観衆が身を乗り出し、腕を振り回して叫んでいる。私は走った。後ろを見ると、集団が壁のように押し寄せてくる。トップレベルの選手の集団が、立ちはだかる壁のようにぐんぐんと襲ってくる。時速六五キロで選手を次々と捨て行きながら。

前を向き、二回ペダルストロークをかけた。再び振りかえる。集団が一段と迫ってくる。私は走った。変に聞こえるかも知れないが、ただ走った。何か超自然的な力を祈ったわけではない。その前の約二〇キロ、すでに超人的なレースをしていた。私はただ、走り続けた。肘はゆったりと、ポジションは完璧、身体は疲労に襲われているはずだったが、その兆候はまったくなかった。もしかしたら、何かの力を借りていたのかも知れない。

オフィシャルカーが後ろから一度、二度ライトを点滅させた。後ろを見て、下の路面を四ペダルストローク分ほど見た。腰を上げ、集団が弾丸のように私を追う中、拳を固めて、まるで溺れる者のように腕を上げた。宙に、勝利に、祝杯に向けて、両手の拳を開いた。集団から一三秒差という奇跡的な数字でのゴールだ。

　史上最高のスプリンターの一人であるマリオ・チッポリーニが、フィールドスプリントを制して二位に入った。ゴールを越えたとき、彼は祝うように両手を上げた。彼のプライドの高さを考えるとおかしな行動だった。後日、レースで隣を走っていたときマリオが話しかけてきた。「あのときのステージで俺が両手を上げたのを覚えてるか」

「ああ」もちろん覚えていた。

　マリオは言った。「勝ったのは俺だと思ったんだ。でも両手を上げたら、ゴールの向こうに君が見えた。『何であいつはあんなところにいるんだ。俺の前に誰かがいるなんて、そんなばかな』と思ったのさ」


　それから何度も、この三〇分間の出来事を思いだすことがあった。あの清冽な、自分自身を超えた日。ツール史上最短区間スピード、時速四九・四キロ。勝利を手にしたのは偉大なチャンピオンではないが、あの奇跡のような日に自分を信じた男。そして普通なら見逃すような細かい部分を入念に調べ、それを礎にした男。

　あの日、自分が成し遂げたことは何だったのか、理解するには何年もかかった。父に勝利を捧げようとする必死な気持ちから、私はその日、初めて頭と心を一緒に働かせ、現実を超えた何かをつくりあげたのだ。

このことは、ランスと組むようになって再発見することになる。けれど、本当はずっと前にわかってもよかったはずだ。このときの勝利の証拠は、目に見える形として残ったのだから。

この日の審判団には、伝説的な選手もいた。母国ベルギー史上最高の名オールラウンダー、エディ・メルクスもその一人だ。私はその審判団に、自転車競技の素晴らしさを象徴する選手として表彰された。表彰トロフィーは、選手をかたどった美しいモダンアートの彫刻だ。トロフィーの置き場所は、自宅の飾り棚でもファンクラブのバーでもない。風雨に耐えられるような加工をして、父の墓石に取り付けてある。「父に捧げる」という碑文と共に——。

監督時代、我々のチームは 90 回以上マイヨ・ジョーヌを手にした（内ランスが 83 回）。現役時代は 1995 年ツールの第七ステージでマイヨを獲得。

第二章　すべては信じることから

速度や出力など、トレーニングの指標になる数値を見るまでもなかった。
それよりももっと大事なもの
――信念――が見えたのだから。

ランスと私が、お互いの人生や自転車競技の歴史にどれだけ大きな影響を与えたか考えると、初対面の日のことがあまり記憶にないのは何とも不思議だ。ランスがどんな様子で、私がどんな印象を受けたのか、ほとんど思い出せない。唯一覚えているのは、「頭は切れないな」と思ったことだ。

今でもランスに冗談まじりでこのことを話すときがある。あとになってランスは、実は最もシャープな選手の一人だということがわかったからだ。

一九九二年当時、オリンピックを終えてプロに転向したばかりだったランスの評判は、ヨーロッパにも伝わっており、マスコミの注目度も高かった。アメリカからやってくるランス・アームストロングという強力な選手は、私たちを圧倒するだろう。それが前評判だった。心拍数やＶＯ^{2}マックス（最大酸素摂取量）などが、とんでもない数値らしい、という話でも持ちきりだった。さまざまなエピソードから、ランスの身体能力が万に一つのものだということは明らかだった。一方、私自身の能力はというと、ごく月並みだった。ステージ優勝に限らず他の栄冠も手にしたが、主役になるピークを過ぎていることは明らかだった。私の役目は、エースが勝つのを堅実に支えることにあった。

ヨーロッパの選手集団《プロトン》は、皆ランス・アームストロングというたぐいまれな選手に興味津々だった。ランスはクラシカ・サンセバスティアンというレースでプロデビューを飾るため、スペインにやってきた。

結果は最下位だった。

クラシカ・サンセバスティアンは、デビュー戦としては過酷なレースだ。海沿いのでこぼこ道がコースで、海辺特有の変わりやすい天候や風から身を守るすべがない。その日私たちは、体の芯まで凍るように冷たく降りしきる雨の中、レースに挑んだ。どこまでも過酷なレースだった。太陽がさんさんと照りつける中、カラフルなジャージを着た選手が、ひまわり畑の横を走行するというような、テレビでよく見るイメージとは正反対だ。

こんな悪天候の、しかもたった一回のレースで実力を判断することはできない。このようなコンディションに慣れていない選手なら、特にそうだ。それでもランスに対する前評判や期待を考えると、妙におかしかった。彼にはありあまるパワーがあり、それがほとばしるのを感じるほどだった。一方で、集団の中でのレース戦術をまったくわかっていないことも明らかだった。自分がいるべきなのはどこか、他の選手をどう利用するべきか、どうレースを読むか。だから私は、頭脳派ではない、という印象を受けたのだ。強いのは身体だけで、バランスはよくないな、と。

クラシカ・サンセバスティアンの一週間後、スペインでランスとまた一緒になった。ツアー・オブ・ガルシアという五ステージのレースだ。ツール・ド・フランスと同じぐらい過酷な山岳ステージがある。トップレベルの選手が多く参加していた中で、ランスはステージ優勝を手にした。ゴール前、三、四〇名ほどの集団から爆発的なスプリントをかけたのだ。ずっと上り道だったにもかかわらず、ゴールを越えたときの時速は六五キロを超えていただろう。

このレースで、私のランスに対する考えは一変した。プロに転向したばかりの選手が、最初の週にレースで勝つ例は決して多くない。ランスが見せたスプリントは、時速七〇キロでサイコロのようにぶつかり合うパワーがなくては不可能だ。同時に、敵に取って食われないような機転と、原始的な勘が必須となる。

当時、ランスとはまだ友人ではなかった、知り合いとも言えなかった。しかし、私はいつかレースに役立てようと、他の選手の走り、癖を観察してきたので、ランスに桁外れの能力があることがわかった。ランスの将来は、彼の勘をどう発展させるか、チェス名人のような知性レベルまで持っていけるかにかかっていた。

四年後、ランスが癌にかかったことを発表したとき、私は気分が悪くなるほどの衝撃を覚えた。まだ詳しい症状と診断名が最悪のものだと知る前のことだ。当初、記者会見や、ヨーロッパにいる彼のチームメイトからの話では睾丸癌で、すでに癌は摘出し、回復に向かっているということだった。だがその後、肺に、さらには脳にまで転移しているという話が伝わってきた。助かる見込みは五〇パーセント。いや、実は二〇パーセントだと。

そのときもまだ、ランスのことをよく知っていたわけではなかった。スタート前やレース中に雑談したことがあるぐらいの仲だったが、お互いごく自然な親近感を感じていた。当時は知らなかったが、後年ランスが話してくれたのは、レースでの私のハードな走りや思考力や、他の選手に対する知識などを見て、私に一目おいてくれていたのだという。

私はランスのがむしゃらでアグレッシブな走りを見て、眉をひそめるどころか、面白いじゃないかと思っていた。彼の勝利への飢餓感が私には理解できた。偉大なチャンピオンになれる素質があるが、未知数だとも思っていた。だから癌に倒れたという知らせを聞いたとき、何かに強く殴られた気分になった。まるでレース中に、集団の先で下らない理由から落車が起き、ハンドルバーが腹に強く食い込んだような。何て残酷な話だ。あの輝かしい将来を約束された選手に、なんと冷酷で、むごい仕打ちなのかと。

初対面のとき、私はランスが「チェス名人」のようになる必要があると感じたが、このときも彼はまだそのレベルに到達していなかった。一方で、ずば抜けた勘の片鱗は見せていた。一九九三年、ロードレース世界選手権で史上最年少優勝、ツール・ド・フランスで二回のステージ優勝（レース全体の完走こそしなかったが）。国内選手権優勝や、アメリカでの三大レース優勝で、一〇〇万ドルの賞金を獲得。自転車競技界はこの話でしばらくもちきりだった。多くの選手にとって、この大きな実績は一流のキャリアが約束されたことを意味した。

ランスはまだこれから何かやるに違いない、と私は思っていた。本人はわかっていなかったかも知れないが。

一九九八年。癌宣告から二年も経たないうちに、ランスが癌を克服しただけでなく、復帰しようとしていると耳にして、私はただ唖然とした。手術や過酷な化学療法を何度も受けたと聞いていた。ケビン・リビングストンやジョージ・ヒンカピーなど、ランスの友人でもある他のアメリカ人選手から、脳手術やその傷痕、化学療法のせいでまるで体の内側から焼かれたように見える皮斑のことも聞いていた。

その前の年、春のレースでランスの姿を見かけたことがあった。頭髪は一本もなく、目は落ちくぼんでいた。罪悪感を覚えたが、冷酷だが当然の疑問が頭に浮かんだ。カムバックだって？　こんな過酷なスポーツで？　しかも、こんなにすぐに？

もちろん、カムバックの成功を祈ったのは言うまでもない。だがこうも思った。癌が、あの超人的な身体能力を奪ってしまったのなら、一体、彼に何が残されているのか。

同じ年、私は選手としてのキャリアにピリオドを打とうとしていた。一方、ランスには新しい人生が始まろうとしていた。一〇位前後につけたレースもあったが、過酷なパリ〜ニースのレースでは棄権し、一度は引退も考えたという。しかし、やはりそんな辞め方はできず、ツール・ド・ルクセンブルグではみごと優勝を手にした。以前のように遮二無二挑むのではなく、走り方やレース運び、ひいては勝利への道を見出していた。

私は、ランスのレース結果を常にチェックした。それは、彼が第二の人生を歩み始めているように見えたからだ。そのシーズンの終盤、ブエルタ・ア・エスパーニャが始まったとき、すでに私は引退して、ユーロスポーツというテレビ局の解説者をしていた。

ランスはそのブエルタ・ア・エスパーニャで総合四位につけた。とても素晴らしい結果だ。第二の人生に可能性が見えるどころか、闘病前をしのぐかも知れない。あるステージの終わりに、私は選手やマスコミや関係者をかき分けて、ランスに声をかけた。

「まったく、すごいね」私は、ひゅうと口笛を鳴らしてみせ、笑いかけた。

ランスも、顔をほころばせた。

そのとき私を捕らえたのは、その笑顔ではなく、彼の目だった。激しい青い炎が今にも燃え上がりそうな勢いのまなざし。その猛々しい青さ。

まるで、鏡の中の自分を見ているようだった。

ランスはその伝説的なパワーのほとんどを失い、依然として、計算より勘を活かした走りを見せていた。でもそのとき、何が彼を支え、勝者にしたのかわかったのだ。

それは信じることだ。

彼は自分を信じたのだ。

一五分ほど世間話をして別れたとき、私は自分の再スタートについて、初めて何かが開けた気がした。まだはっきりと何をしたいのかはわからなかったが。選手組合のリーダーや、テレビ関係の仕事。自転車競技のファンを対象にしたトレーニングキャンプやツアー会社。それまでにも、いろいろな道を考えてはいた。だが、このとき初めて、何をしても、おそらくうまくいくだろうと思えたのだ。

翌日、電話が鳴った。ランスからだった。あまりにも唐突に用件を切り出したので、何を言っているのかよく理解できなかった。

「うちのチームに、誰かが必要なんだ。しっかりした骨組みや、ビジョンが。マーク・ゴースキーから電話させてもいいかい」

「ああ」と答えたが、真意はかわからなかった。相談なのか、トラブル解決なのか。

ゴースキーは、USポスタルのゼネラル・マネージャーで、過去にトラックレースで対戦したこともあるアメリカ人選手だ。次の日、電話してきた彼はこう言った。

「ランスから、うちの監督になってくれるかも知れないって聞いたけど」

「それは初耳だよ」私は笑った。ふいに、ランスの目に見た青い炎がよぎった。私は即答した。「ぜひ、やらせてくれ」


自分を信じるだけでは、ランスには十分でなかったのだ。プロになって一週間も経たないうちにスプリントで勝ったときや、闘病後にカムバックを目指したときも、いつも自分を信じていたはずだ。今、それだけでは足りず、私のことも信じたくなったのだ。それは、なまやさしいことではない。私はとんでもない計画を用意していたのだから。

監督としての仕事を引き受け、ランスに、どうせならツール・ド・フランスで優勝を目指そうと話してから、eメールやミーティングを通して私の計画について話した。ランスはすぐに同意してくれたが、私は、ただの夢物語ではないということを確認したかった。これが今年の計画であり、チームであり、すべてなのだと。

「君にはツール・ド・フランスの表彰台が似合う」――最初のころ、ランスへのeメールに書いた言葉だ。何年もたった今でも、ランスはそのときのメールを取ってあるという。チームについて話し合ったある日のことだ。当時、山岳ステージに強い「クライマー」選手としては、ケビン・リビングストンなどの若手がおり、万能な「オールラウンダー」としては、ジョージ・ヒンカピーなどがいた。しかし、チーム全員の長所と短所を研究したところ、ツールで優勝できるようなチーム構成ではないことが明らかになった。

「ヨハン、どうだろう。どのステージで勝てるか考えた方がいいね」ランスは言った。

「いや」私はランスを直視して言った。「それはだめだ。絶対に総合優勝を目指すんだ」。私たちは、しばらくじっとお互いの目を見ていた。ずいぶん長い時間に感じられたが、実際は数秒間だったのだろう。彼の疑念は心の底からのものではなく、本物ではないことがわかった。「総合優勝を、目指すんだ」私は再び、一言一言を区切るように言った。

ランスはうなずき笑顔を見せ、ゆったりと座り直した。目の前の机には、資料が散らばっていた。彼は頭を振っていたが、それは「ノー」を意味していたわけではなかった。「こんな夢を信じるなんて、どうかしている」ということだったのだ。

だが私たちは、その夢を信じた。

その後、地図のない道程を進もうとしたときも信じ続けた。優勝をねらうには、七月のツール・ド・フランスにすべてを集中させなければならない。

普通のチームはそんなやり方はしない。四月初めから一〇月終わりまで、シーズン中ずっと走り続ける。レースの数も尋常ではない。全員が参加するレースの数を合計すると、一〇〇にのぼることもある。ヨーロッパ各国の小規模なレースだったり、「クラシックレース」と呼ばれるワンデーレースだったり、数週間もかかる「グランツール」だったりする。他にも、選手の故郷に錦を飾るために参加するもの、あるいはスポンサーの社長が本社の近くで開催するもの、ただ便利だからという理由で出場することもある。たとえば、春のトレーニング合宿地の近くでレースが開催される場合は、本来なら地方の地味なイベントであっても、そうそうたるメンバーが参加することになる。また、勝算が高いため出るレースもある。悪路のレースを得意とする選手がいて、寒かったり雨の降る確率が高いときは、シーズンはじめに山岳ではない、坂道のコースに焦点を絞るという方法もある。

それから、春にヨーロッパで開催され、長い伝統を誇るクラシックレースがある。パリ〜ルーベ、ツール・ド・フランドル、ヘント〜ウェヴェルヘム、ミラノ〜サンレモなど、長くてスピードも速い過酷なレースだ。リカバリーよりパワーが、三週間全般の戦略を練る走りよりは力ずくの走りが勝つ。強豪選手にも運の助けが必要になるレースだ。クラシックに勝てば、自転車競技の歴史に名を残すことができる。二回以上優勝すれば、神のような存在としてあがめられる。

クラシックが終わると、今度はフランス、イタリア、スペインで数週間かけて行なわれる三大グランツールのシーズンだ。他にもツール・ド・スイス、ツール・ド・ロマンディ、ドーフィネ・リベレなど、たくさんのステージレースが開催される。二流チームが活躍するためのレースもあれば、グランツールのための前哨戦もある。

こういったためまぐるしいスケジュールの中、世界選手権や選手の出身国での国内選手権があり、さまざまなイベントがある。シーズンすべてをこなすということは、三月から一一月頃まで選手も監督も家に帰れないどころか、同じ場所に一週間とどまることさえないことを意味するのだ。スーツケースから服を取り出す生活というよりは、スーツケースの中に住みついたまま、移動しているような気分になる。

このようなスケジュールが組まれているのには、二つの理由がある。まず、レースに参加することは最高のトレーニングになる、という昔からの考えだ。シーズンはじめに、監督は各選手にとって最も重要なレースを選ぶ。次に、そのレースに適したトレーニングになるような別のレースを選ぶ。たとえば、起伏が多いクラシックで勝てると思う選手がいれば、シーズン序盤に多くのレースに参加させ、ピークをまず迎えさせる。そして、休養させるためにスピードやプレッシャーのレベルがあまり高くないような、比較的小規模のレースに参加するスローな期間を設ける（グランツールの最初は参加しないこともある）。シーズン終盤は、世界選手権や国内選手権で力を発揮する。レースを基盤としたこのようなトレーニング法が、成功への鍵だと見なされ、偉大な選手はいつもこのやり方だった。

第二の理由は、詰まったスケジュールでいろいろなレースに参加することにより、チームスポンサーに義理立てができるという点だ。スポンサーになる会社は、当然その名を広く知らしめたいためにスポンサーになる。今度レースを見る機会があれば、ゴール前に注目してみてほしい。フィニッシュラインを越える前、スポンサーのロゴがはっきりと見えるように、選手がジャージのファスナーを閉めて、裾を正すのが見えるはずだ。ゴールのときに両手を高く上げるのは、祝杯のためだけでなく、ジャージ胸部にあるスポンサー名がはっきり見えるようにという意味もある。また、目立つのは優勝者だけではない。長い間逃げ切る選手なら、テレビカメラが何時間も追う。山岳ステージで活躍する選手にはレポーターが群がる。チームの写真はすべて広告であり、勝てばスポンサーの「インプレッション」（広告の表示回数）となる。

だが、私の計画した自分たちだけのトレーニングでは、「インプレッション」は得られないことになる。

私たちは、ツール・ド・フランスに焦点を当ててスケジュールを組むという、まったく前例のないアプローチを取ろうとしていた。スポンサーが注目を浴びやすいようなレースではなく、ツールの準備として適切なレースだけを選んだ。その他の時間は、ツールの実際のコースでのトレーニング合宿に費やした。それは革新的な計画だった。いや、正気の沙汰ではなかったと言った方がいいかも知れない。

ランスと私は、アルプスやピレネー山脈など、ツールの山岳ステージで練習を重ねた。一日に山を二つも三つも、あるいは四つも越え、翌日にはまた同じことを繰り返した。毎日七時間から九時間も走った計算になる。他のクライマー選手を連れていくこともあったが、だいたいランス一人で、私が車でついて行くという形だった。

他のチームは通常のスケジュールに従い、数々のレースに参加し、勝利をおさめ、そのシーズンのエースを決めて、ファンを獲得していた。

チームのオーナーと上層部は、意外にも私のアイディアに従ってくれた。今振り返ってみると、これが最も不思議な出来事だ。まだ実績があったわけではないから、私を信じてくれたというのが理由ではないだろう。どうやら私がはじめのころ上層部に一度言った言葉が功を奏したらしい。

「この方法で、失うものはない。今までの功績が台なしになるわけでもない。将来がだめになるわけでもない。なにしろ、チームとしての実績はまだないのだから」

そうは言いながらも、従来のやり方に従った方がよいのでは、という誘惑に打ち勝つのはたやすくなかった。ピレネーで練習中のある日、ランスの声が無線に入ってきた。

「ヨハン」

「どうした」水か、もっと暖かいベストでもいるのかと、私は考えた。

「シーズンが始まってずいぶん経つから……」

「なんだ」フロントガラスを通してランスに訊いた。ランスは休みなく上り続けていた。声の不安さに反して、そのリズムは正確だった。

「今年は、最後までこのトレーニングでいいけど」

「ああ」

「来年は、クラシックに出ようと思う」

それは、私たちの方法が失敗だということを意味する。他のチームのようにスケジュールを組んでトレーニングすることになるからだ。ランスの言っていることは正しいのだろうか。今年も普通のやり方でやるべきなのか。私に見えない何かが、ランスには見えているのだろうか。あるいは、ただ私と同じように疑念が沸くときがあるだけなのか。ランスに同調するべきか。他の案を考えるべきか。

それとも、もう遅すぎるのだろうか。

私は言い切った。

「今年は、ツール・ド・フランスで勝つんだ」


五月初旬、ひどい天気のある日。宿泊先の小さなホテルの窓をみぞれが打ちつけていた。気温は零度。七時半に軽い朝食を済ませ、九時に走り出した。ランスは冷気を思い切りかき回すかのようにペダルを踏み、寒さをしのいだ。私は最初の山道の麓《ふもと》まで運転し、助手席に座っていたチームメカニックのジュリアンに言った。

「ひどい天気だ」

ジュリアンはうなずいた。ベルギー人のジュリアンは、世界の優秀なメカニック仲間では伝説的でカルト的な存在の老メカニックだ。

「たまらないね」と私は言った。

ジュリアンは再びうなずいてみせた。

自転車競技の名フォトグラファーで、ランスの長年の友人でもあるグラハム・ワトソンが、私たちの計画を聞いて一日撮影したいと言っていた。不運なことに彼が来たのはちょうどこの日だった。グラハムはしばらくオートバイ後方に座って、ランスの写真を撮り続けた。後日グラハムは、あのときのオートバイの運転手は、あのひどい天気の日の仕事を最後にやめてしまった、と教えてくれた。

みぞれが容赦なく降り続け、風が車を揺らす。ランスはぐんぐん進み、まるで晴れの日と同じような脚の動きを見せていた。一時間後、頂上に着き、下りに入って谷を滑走して、次の上りにかかった。どんないい天気の日でも、アルプスとピレネーは過酷なコースだ。ツールの名選手でもばてるような険しい道が続く。

ランスは、飛ぶように上った。凍てつくような悪天候の中、ただ飛ぶように。

「すごいな」私は、誰に言うとでもなくつぶやいた。

そこはツールのコースの一つだった。

「見てみろよ。すごいな」

上り続けるランスの身体の流れを見て、わかった。来年の春クラシックに出ることはもう考えていないだろう。おぼろげではあるが、彼の脚は何か紛れもない変化を示していた。私たちの計画は成功したのだ。その日、ランスは八時間走り続けた。最後の頂上でも、その日の朝の平坦な道で見せたのと同じ脚の強さを見せた。速度や出力など、トレーニングの指標になる数値を見るまでもなかった。それよりももっと大事なもの――信念――が見えたのだ。トレーニングを始める前に彼の目に見たもの。それが、観衆も喝采もない、ひどい天候の険しい山道で、化身となって現われた。そしてその日以来、ランスも私も、私たちの信念について二度と疑うことはなかった。

第三章　勝者の傷あと

勝者は往々にして傷あとを残すものだ。

私がハンドルを握るチームカーは、自転車競技界で最もスリリングな乗り物らしい。それは、恐怖で目を見開き、震える足で車から降りて、再び大地を踏みしめられることに全身で感激をあらわす同乗者の感想だ。

プロトンの合間を縫うように走ることに慣れているはずのチームメカニック。他のチームカーに何度も同乗したことのあるレポーター。どんな状況にも決して動じることがなく、危険を顧みないあのランス・アームストロングでさえ例外ではない。引退後に何度か同乗してくれたランスは、ほとんどずっと片手でアームレストにしがみついていた。

ツール・ド・フランスで八勝するまでの道行きで、他の車に何度もぶつかれば、こういった評判も仕方がない。

まず知っておかなければならないのは、レース中には想像を超えたあらゆることが起きるという点だ。古くからあるヨーロッパの道は細く、現代になってできた道路の半分ぐらいの幅しかない。私の車は、そこにひしめくその他大勢の一台に過ぎないのだ。

レースに二〇チーム参加しているとすると、まず各チームに二台ずつ付くサポートカーがいる。それからオフィシャルカー。レースを導き、風除けのために自分のチームカーの後ろに隠れるなどの違反がないか見張り、ひいきの選手を見るために集団の後ろに数分間つき、縦横無尽に動く。スポンサーの「キャラバン」と呼ばれる広告部隊は、宣伝のためにクラクションを鳴らし手を振って、財布のひもを預かる自社の重役にレースのエキサイティングな面を見せるため、あらゆるグッズを観客に投げる。

また、「ニュートラルカー」と呼ばれる車も走っている。あらゆるサイズや種類の自転車を車上に載せ、タイヤやスペア部品を積み、メカニックを乗せているのだ。メカニックは故障車を見つけると、車が完全に停止しないうちに車外に飛び出し、数秒後には選手がレースに戻れるよう対処する。記者やラジオアナウンサー、ブロガーなど、あらゆるメディアの車もいる。

さらには、ＶＩＰの家族や友人の車。スタートやゴール地点の町の議員だったり、地元のミスコンテストの優勝者だったり、たまたまロードレース・ファンの地元の銀行頭取だったりする。さらに、この隊列の合間を怒った蜂のような音を立てて走るオートバイの群れがいる。オートバイの後ろには、カメラマンやレポーター、VIP、その他の幸運で向こう見ずな人間が乗っている。つまりロードレースの間はいつでも、一〇〇台以上の自転車が走る中、少なくとも一五〇台の車やオートバイがヨーロッパの細道にひしめいているのだ。

　このようなもみくちゃな状況の中、選手の活躍ぶりによってそれぞれのチームカーの位置が決まる。首位近くにつけている選手がいれば、集団から最も近い恵まれた位置につけるだろう。プロトンが近づくと審判団から、集団の後ろにつくように命じられることもあるが、レースの間、チームの一人がうまく逃げて後続の集団とリードを広げれば、その選手がいる逃げ集団とプロトンの間にまで運転してとどまることができる。

　車やオートバイや自転車だけではない。息が詰まるような狭さの道の両脇には、大騒ぎでひしめき合うファンがいる。三重にも四重にもなって選手を少しでも見ようと身を乗り出して、前へ前へと押し合い拳を振り回す。カメラを突き出し、いい写真が撮れていることを願いながら、ファインダーがのぞけなくても夢中でシャッターを押す。世界各国の国旗を振り回して、応援のカウベルをがんがん鳴らす。「アレアレ《行け行け》！」「ベンガベンガ《がんばれ》！」「アンディアモ《レッツゴー》！」「フォレバック《全力で行け》！」いろいろな言語で飛びかう声援。一日中ずっと大騒ぎしたおかげで、すっかり頭に血が上っている者も少なくない。そして、いきなり小さな子供が道に飛び出すこともある。選手が道に投げ捨てたウォーター・ボトルをおみやげに持って帰るためだ。

どんなに頭が冴えた状態でも、こんな「パレード」の合間を縫って安全運転するのは、すさまじく神経がすり減るような作業であり、運を天に任せるようなものだ。それがチーム監督の仕事なのだ。

まだ他にもある。

時速四〇～一〇〇キロで行なわれる高速チェスのような自転車レースを把握するには、視覚だけに頼ることはできない。選手の近くにいられることは、ほとんどないからだ。車やオートバイの数があまりにも多いため、どの車が選手に近づけるか、審判団が厳しくコントロールする。

テレビやDVDで、私がランスやジョージ・ヒンカピー、リーヴァイ・ライプハイマーの横に車をつけて、うなずいて見せ、向こう何キロかの戦略を直接伝えているシーンを見たことがある人もいるだろう。それは非常に珍しい光景なのだ。風が遮られると有利になるので、選手の前に行くことは絶対にできないが、選手の一人が逃げ出したときには、ここぞとばかりに集団について行き、集団を追い越し、やっと選手の後ろか横につくことができる。

あるいは、ちょっとした機材トラブルが発生すると、チームカーは選手の横につけることができる。問題の選手がドアにつかまる。メカニックは窓から自転車の方に身を乗り出し、車内の誰かに足を押さえてもらいながら、シフターやブレーキを調整する。その間も車はスピードを落とさず、メカニックの指のすぐ先では、自転車のスポークがうなるように回り続ける。いつもリードしているチームでも、チームカーは集団のずっと後方にいるため、カラフルなジャージの背中が上下に動くのがちらちらと見えるだけだ。

レースを把握するためには、ありとあらゆる情報源に頼らなければならない。私が最も頼りにするのは、チームの選手から得るフィードバックだ。選手のビブショーツの後ろのポケットには無線機が入っており、コードをジャージの下から通して、耳のところでイヤホンをテープで留めている。私は選手に、調子はどうか、何が見えるか、調子がよさそうなのは誰か、悪そうなのは誰か、集団の様子はどうか、絶え間なく質問する。前でアタックが起きると、選手はすぐに報告してくる。

オフィシャルの無線もある。これを通して、集団を抜け出した選手の名前や集団間のタイム差が発表され、急カーブや線路や鉄橋などの警告が監督に伝えられる。

チームカーのダッシュボードやフロントガラスには、ツールの「バイブル」をかける。コースの道や山岳ステージの標高図や、選手に食料やエナジードリンクなどのバッグを補給する補給地点など、重要地点が描かれた詳しい地図だ。さらに、大半のレースがテレビで中継されるため、それが見られるよう、ダッシュボードには衛星テレビが取り付けてある。

目が回るような細道に戻ろう。ロサンゼルスの高速道路よりもひどい混雑だ。その様相は普通の道路というより、まるでスタントレースのようだ。沿道には興奮したファンが群がり、オートバイがアニメのキャラクターのような勢いで走り去る。観客が身を乗り出し、振り回す旗がフロントガラスに触れ、しばらく前が見えなくなることもある。

雑音と共に無線が入り、選手の声がする。「アタックだ！」

四、五人の選手が話す、三カ国語も聞こえてくる。

言葉の壁は他のチームには障害になることもある。しかし私は五カ国語が話せ、他にも何カ国語か理解できるので、無線に入ってくる言葉の雪崩は混乱より楽しさを運んでくれる。イタリアのチームやファンがエースにランスをアタックしろとあおるときには、「ダーイ《行け》ダーイ《行け》ダーイ《行け》！！」というイタリア語が聞こえる。「その通り。ランスを追い越そうとすれば、ダイダイダイ《死んでしまうぞ》だ」と思うわけだ。

アタックの最中は、まったく場違いのような穏やかさで言葉をかける。「落ち着け。落ち着くんだ。大丈夫だ」

オフィシャルの無線が、アタックをかけている選手の人数を無機質な声で伝える。テレビに目をやると赤いジャージがちらっと見える。ペダリングに見覚えがある。順位は下の方で、今日、五、六分稼いだとしてもトップから一〇分も遅れている選手だ。レースマップを急いで見る。「落ち着け。誰なのか見てみよう」チームに指示を出す。左のオートバイを危うく避ける。右には興奮しきった酔っぱらいのファンがいる。左の縁石ぎりぎりまで寄せて、右側を走る選手の肩にサイドミラーがぶつからないようにする。サンドバッグを叩くようにクラクションを叩きつけて、アクセルを床まで思いきり踏みこむ。行くぞ！

勝つためなら、車がへこんだって構わない。

ゴールに着いたとき、他のチーム監督に運転マナーを誉めてもらうことがレースの目的ではない。メカニックであれ、スポンサーのお偉い方であれ、あるいはランス・アームストロングであれ、同乗者が安心して乗れるように運転することが目的ではない。

目的は勝つことにある。

ライバルの車にぶつからないと選手の所まで行けないのなら、私はぶつかってでも行くだろう。チームのために誰かの気持ちを傷つけなければならないのなら、躊躇はしない。勝者は往々にして傷あとを残すものだ。何をしていても、勝つことに集中しなければならない。

それはシンプルだが、忘れられがちな事実だ。目標を低くして、最終的なゴールから焦点をずらすことは簡単だ。たとえば、大きなプロジェクトを終わらせるために、本当にeメールの受信箱全体の整理が必要なのか。最も容量の大きな添付ファイルを削除してディスク容量を節約し、本来の目標に集中する時間を多く設ければいいのではないか。

私は、常に勝つことを優先させた。そのためには、気が散るものを排除することもあった。たとえば、ランスはレース期間中にノートパソコンを持ってきていた。何でも大事なことには取り憑かれたようになる性格のランスは、常にeメールをチェックして、他のレースに出ているライバル選手の状況をインターネットで調べなければ気がすまなかったのだ。他の選手もそれにならった。だが、パソコンは情報入手に役立つが、それと同じぐらい集中力を阻む要因にもなることが明らかになった。

パソコンは持ち込み禁止。ランスに言い渡すのに躊躇した。画面に向かう時間が一番長いのはランスだったからだ。けれど、いざ理由を説明して、実際にパソコンが原因となって集中力が阻まれた例をいくつか挙げてみると、しょうがないな、と彼独特の笑顔を見せた。

「ヨハンが正しい。レースに集中しなきゃならない。パソコンは家に置いてくる」ランスは肩をすくめた。それが私たちのルールになった。

ランスは理解してくれた。目標を達成するため、犠牲を払わなければならないことを。選手全員に犠牲の真価を理解してもらうのは容易ではなかった。たとえば、あるレースのタイムトライアルで、全力を出すな、と選手に言ったことがある。タイムトライアルは個人と時間との勝負だ。ここでは体力を温存し、後半のステージでエースを守るために全力で走ってもらわなければならない。絶頂期の誇り高きライダーに、チームのために低い結果に甘んじろと言うのはなまやさしいことではない。プライドを傷つけることになるからだ。

だが、それは功を奏する。勝利という形で。

私にとっても傷つけることは、想像を絶するほどつらいことがある。

一九九九年、監督に就任した最初の年、全米プロロードレース・チャンピオンのマーティ・ジェミソンがチームにいた。チームに国内チャンピオンがいるということは、それがアメリカであれ、ルクセンブルクであれ、カザフスタンであれ、チームのいい宣伝になる。チャンピオンは出身国カラーの特別なジャージを着用するのでよく目立ち、メディアでの露出度が高まり、チームへの関心が集まることが保証される。冷めた見方をすれば、投資分が露出度という形で実を結ぶから、スポンサーの満足にもつながる。

出身国カラーのジャージを着た選手がチームにいるということは、素晴らしい栄誉でもある。ロードレースで全米のプロ選手を相手に勝ったマーティは、向こう一年間のすべてのロードレースで星条旗のジャージを着用する栄誉を得た。

問題が一つあった。

マーティは、ツール参加メンバーの助けになるような力を持っていなかった。全米チャンピオンとしては素晴らしい選手だが、適切なタイプのライダーではなかった。マーティは、いわゆる「オールラウンダー」で、上りやスプリントもうまくこなしたし、気が遠くなるぐらい長い間、ハイペースで走るのも得意としていた。アメリカの国内選手権のように、さまざまな地形を走るワンデーレースではきわめて有利なタイプだ。反面、各スキルに関して、チームには彼を上回る者がいた。ランスを支えるためには、オールラウンダーより、各スキルに最も秀でた選手でチームをつくらなければならない。

マーティをツール・ド・フランスに参加させたら、スポンサーのUSポスタルサービスは大満足だろう。しかしチームとしてのバランスに欠けてしまう。眠れない夜が続いた。胃がきりきりと痛く、頭痛に悩まされた。世界最高の自転車レースで、全米チャンピオンに留守番役をさせるわけにはいかないだろう。何日も悩み続けた結果、ついにマーティと二人だけのときをねらって最終決定を伝えた。

私は彼をひどく傷つけてしまった。最悪なのは、傷つくのも当然だと理解できたことだ。全米チャンピオンなのだから！　このニュースは漏れ伝わり、アメリカ最大のチームの監督が就任一年目にして、世界最高のレースに全米チャンピオンを出さないつもりか、と非難轟々だった。チームにも、理由を繰り返し説明しなければならなかった。

けれども私は、正しい決断を下したと信じていた。そしてそれは、七月末に証明された。ランスがツールで初優勝し、パリに凱旋したときに。

勝者は、傷あとをつくるものだ。

二〇〇五年、米国で開催されたツール・ド・ジョージアで、それを文字通り思い知ることになる。当時新しくチームに入った二七歳のアメリカ人選手トム・ダニエルソンは、ランスの後継者だという声が高かった。生理学的なデータが彼の成功を約束していた。パフォーマンス・テストでは、ランスに匹敵するか、超えるようなデータもあったのだ。トムはきわめて細身の選手で、過酷な峠も軽々と上った。二〇〇二年にプロとなるが、まだ優勝をつかむまでには至っていなかった。

ライバルチームには、リーヴァイ・ライプハイマー、フロイド・ランディス、ボビー・ジューリックの三人のアメリカ人選手がいて、六日間かけて行なわれる全長八八五キロのこのツール・ド・ジョージアで優勝をねらっていた。いずれも才能にあふれた選手で、彼らを擁するチームも優勝をねらえるレベルだった。

一方、我々のチームも、スターや新進選手をまじえたトップレベルのチーム構成だった。経験豊かで猛烈なライダー、ヴィアチェスラフ・エキモフ。レースの分析と理解力に長けた若いアメリカ人選手、ジェイソン・マッカートニー。スマートで優れたクライマー、ホセ・アゼベドとホセ・ルビエラ。前回ツール・ド・ジョージアで優勝したランス・アームストロング。それからチーム・リーダーのトム・ダニエルソン。このレースは、トムに勝たせたかった。

第三ステージのタイムトライアルで、トムとちょうど一分差で首位につけたランディスが、私たちの最大のライバルとなった。リーヴァイ・ライプハイマーは、トムに一〇秒差をつけ、首位のランディスとは五〇秒差だった。翌日、雷雨と恐ろしいような稲妻の中、五つの山を抜けるコースで、私は「チェチュ」の愛称で知られるホセ・ルビエラを送り、ランディスを疲れさせようとした。ランディスがチェチュを追わなければならない状況にして、トムに最後に抜かせて、タイムを稼がせようとしたのだ。ランディスは最後の上りのあとチームから孤立したが、手堅くフィニッシュを決め、一分リードのまま首位を守り、翌日の山岳ステージ一つを残すのみとなった。雌雄を決するのは、最後の上りのブラスタウン・ボールド山だ。この山の勾配は、五六〇〇メートル上り続ける間に、標高が一四六〇メートルも上がる計算になり、ツール・ド・フランスのどんな上りよりも過酷なコースだった。

レース当日、ブラスタウンは風速七〇キロで、気温が急に下がっているという知らせが絶え間なく入ってきた。車やバイクの合間を縫い、上下に揺れながら、車をなぎ倒さんばかりの勢いで風が吹きつけた。集団が頂上に近づいたとき、ショッキングな知らせが入る。頂上で雪が降りだしたというのだ。こうなったら何でも来い、大暴れしてやろうじゃないか。

ブラスタウンの上りの前、ランスを前に送り、レースを叩き潰せと私は命じた。ランスはベストコンディションではなく、毎日最高の走りをキープすることはできなかったし、シーズンのこの時期は、私もそれを望んではいなかった。しかし、偉大なアスリートが誰でもそうであるように、彼はいつでも素晴らしいパワーを身体から引き出すことができる。ランスはぐんぐんと上って行った。ついて行けたのは、トム、リーヴァイ、ランディスやその他の数名しかいない。これは、ほんのジャブに過ぎない。

ブラスタウンは、観衆でつくられたトンネルのようだった。鈴なりになったファンがお互いの肩に乗り、声援を送り、大声で叫び、選手と一緒に走る。車を前後に揺らし、道の端から端へと自転車を煽るほどの勢いで強風が吹きつける。矢を射るように雪が降り、フロントガラスに溶けていく。私は他の車を抜き、オートバイを脇に押しやって前進した。

「行け！」トムに向かって叫んだ。

トムはすぐにランディスを抜いた。言われるまでもなく自らスピードを落としたランスがランディスにつく。トムが前に行き、一団からリーヴァイが出て、トムに追いつく。トムとリーヴァイは激しく上り続けた。

トムがランディスを抜いてタイムを獲得する——戦略は完璧だった。だがもう一度パンチを食らわさなければ、負けになる。トムにぴたりとついたリーヴァイは、総合タイムで一〇秒勝っていた。リーヴァイは、頂上までトムにつき続け、タイム差を一〇秒以内に抑えさえすれば勝てるのだ。

ブラスタウンの最後の八〇〇メートルは、プロロードレースで最も過酷なコースの一つだ。遮るものが何もない中、強く冷たい風が吹きつける。プロでなければ自転車では上れないほど、勾配はきつい。トムとリーヴァイは横に並び、お互いを盗み見ながら、力を誇示して相手が萎えるのを待つかのように上り続けた。

「トム、今だ」私は静かに命じた。大声を出すよりも効果的に。火がついた弾薬のように、トムは前に飛び出した。横につけていたリーヴァイは、トムの後輪のすぐ後ろについてペースを合わせた。「すぐ後ろにいるぞ」私はトムに伝えた。「行け、できるぞ、やるんだトム。行け、行け、行け、トム。行くんだ」

ランスの耳の無線機に話しかけるときと同じ、あのリズムを感じた。それは、私の声と選手のペダルが噛み合うような、お互いを予測しながら頼り合うような、不思議な感覚だ。「行け」もう一度言ったとき、ついにトムはやった。最後の右カーブを一人で抜け、さらにスピードを上げさえして、ゴールを越えた。リーヴァイと一四秒差、ランディスとは一分九秒差で。

私たちはレースを叩き潰し、ものにした。過酷で容赦のないレースで、レース全体がそんな感じだった。あるステージのあと、審判の一人に呼ばれたのも不思議ではない。

「申し訳ありませんが……規則違反で罰金です」

私は何も言わなかった。

「ちょっと運転が目に余りましたので」審判は謝らんばかりだった。当時ツール・ド・フランスを六連覇していたチームの監督を叱らなければならないことに、恐縮していたのかも知れない。「ヨーロッパと違って、アメリカでは皆おとなしめに運転しますので。罰金になります」

私は笑顔を見せた。罪悪感を持ってほしくなかったのだ。

「構いませんよ。罰金にならないということは、私が自分の仕事をちゃんとしていないと言うことになりますからね」

彼は相好《そうごう》を崩し、その場を去った。

山岳での最も強烈なワンツーパンチでツール・ド・ジョージアをものにした勝者、トム・ダニエルソン。彼に祝福の言葉をかけるため、私はゴールに駆け寄った。傷やへこみだらけのチームカーをあとにして。

チームカーの窓から身を乗り出して作業するメカニック。運転手が私だということを考えると、大胆な行動だ。

第四章　コミュニケーションはあらゆる手段で

コミュニケーションの本当の価値は、内容ではなく、
何度も言葉を掛け合ってお互いを励ますという、
シンプルだが強力な事実にある。

無線の最大のメリットは、実は意外なところにある。

レース中に選手と会話ができるということは、昔と比べて明らかに戦略的に大きなプラスになる。それに誰よりも早く気がついたのは、他でもない私だ。一九九九年、監督就任一年目、チーム全員に無線機をつけたのは、私のチームが初めてだった。

一九九〇年初めから半ば頃まで、私が現役選手だったとき、無線をつけていたのはチーム・リーダーだけだった。私はチーム・リーダーではなかったが、チームの目となり耳となる役割だったため無線をつけることが多く、レースの分析結果を監督に絶えず連絡した。

チーム全員に無線をつけたらどんなに効果的だろう。当時、そう考えたのを覚えている。だから監督に就任したとき、すぐさま無線を導入したのだ。そして、なぜそれまで導入されなかったのか初めて理解した。すべての無線を安定した明瞭な音声で聞けるようにするのは、技術的にきわめて難しいのだ。

まず、レースで必要な他の通信機器に周波数帯を使い切られているので、安定した帯域を見つけるのが困難なのだ。また、無線機を入れる所ぐらい簡単に決められるかと思っていたが、これも意外に難航した。自転車競技用ジャージには背中にポケットがある。そのポケットに入れればいいと思うかも知れない。スター選手だけが無線を使うならそれでもいいのだが、チーム全員のサポート役であるドメスティークも使うとなると、問題が生じる。レース中、ドメスティークはチームカーから五本から七本ものウォーター・ボトルを補給することがあるが、無線を入れたポケットにボトルは入らない。結局、ジャージのスポンサーに、無線が入るような特別なポケットをビブショーツの後ろにつくってもらうことになった。現在では、どのビブショーツにもこのポケットがついている。

導入して一年目には、スピーディーな対応が実現し、無線は大きな武器になった。しかし、すべてのチームが選手全員に無線を与えるようになった今、他のチームと比べて特に有利な点はない。無線のおかげで、レースやチームの戦略面全般のペースが速くなった。以前なら、誰が集団から抜け出したかを見極めるのに、集団にいる選手が一人ずつ情報を伝えて、ようやくチームカーに伝わるというように、二分以上はかかった。逃げた選手は、余裕を持って集団との間に距離をつけることができた。一方、今では、飛び出した選手を集団に押し戻そうと決め、チーム全体を前に送って追う準備をするのに二〇～三〇秒もかからないのだ。

　戦術に関して言えば、無線があるからといって突然うまいことが言えるわけでもない。以前と同じメッセージを伝えるスピードが速まっただけだ。だから利点が大きいわけではないのだが、そう言うと少なからず驚かれる。私が何か極秘の戦術を選手に暗号でささやいているとでも思われているらしい。七年間ランスの耳にいわば「住みついた」経験から言うが、無線を通したランスと私の会話を書き起こしたものを読めば、おそらく誰もが拍子抜けすることだろう。何の変哲もないありきたりの内容だからだ。

　たとえば、ランスがアタックをかけるときは、後ろで何が起きているか教える。「やつらは落ちてるぞ。どんどん落ちている。肩が上下に動いている。よし、オーケーだ」

　ライバルとの差を伝えることもある。「三メートル。……六メートルだ」どんどん差をつけていくと、距離よりも重要な単位に切り替える。「三〇秒差だ」

　浮かれるような瞬間もある。水やエナジードリンクを補給するときは、こう知らせる。

「さあ、パーティーの始まりだ」

　一九九九年のツール・ド・フランス。ランスはタイムトライアル・ステージに勝ち、黄色いジャージ《マイヨ・ジョーヌ》を着ていた。レースはまだ山岳ステージに入っていなかった。山岳ステージでは、トップレベルのクライマーがランスを潰してマイヨ・ジョーヌを奪おうと構えていた。当時のランスに、偉大なヒルクライマーとしての実績はなかった。アルプスに入ると、一三〇キロのステージに入る。ステージの終わりにはセストリエーレの山を三〇キロ上り続けなければならない。予想通り、最強のクライマー二人——イヴァン・ゴッティとフェルナンド・エスカルティン——がアタックをかけ、ランスに三〇秒強の差をつけた。二人は、お前にはこんなハードな上りは無理だろう、と見せつけたかったのだ。

ランスは後続集団にいた。私たちはまだ慎重に構えていた。あと八キロというところで、私は静かに指示を出した。「今だ」

ランスは集団から飛び出して、スピードを上げた。

「差がついたぞ」私は伝えた。ランスはペースを上げ続ける。私はタイムと差を伝えつづけた。一キロほどそのまま突っ走り、先頭のゴッティとエスカルティンとの間の誰もいないスペースを七割近く、飛ぶように縮めた。ランスの脚はまるで風車のようだった。陶然とするような、カラフルな風車。

「その調子だ。行け、行け、行くんだ、そうだ、その調子だ、腰を上げるな、上げるんじゃない、踏め、踏め、踏みこめ、追いつくぞ、追いつくぞ」ランスは二人と並んだ。ツール・ド・フランスの過酷な山岳ステージで、先頭のトップクライマーたちと。アメリカから来たがむしゃらな若者の信じがたいカムバックを阻もうとした二人と。癌からの復帰だって？

まあいいだろう。だがツールでこの俺たちに勝つつもりか？　とんでもない。

ランスは落ち着いていた。「もうちょっと行こう」私が言うと、ランスのペースが上がる。ゴッティもエスカルティンもついてこられない。「もっとだ」ランスの後輪と彼らの前輪との差を伝える。「二車身、三車身、四車身……」

ランスがこれだけの走れることは、もちろんこの数カ月間でわかっていた。そのためにトレーニングをしてきたのだから。今更驚くようなことではなかったが、今、現実にツール・ド・フランスでそれが起きている。最も過酷な最後の山岳ステージで。ランスの弱点だったはずの上りで。

私はランスを励まし続けた。「行け、行け、行け、踏め、踏め、踏め、そうだランス、踏め、踏め、踏め、今だ、今だ、行け、行け、行け」言葉より、リズムが先行する。コミュニケーションの本当の価値は、内容ではなく、何度も言葉を掛け合ってお互いを励ますという、シンプルだが強力な事実にある。お互いに耳を傾けて言葉をかけ合う、そのつながりが大切なのだ。

フィニッシュラインが近づき、ランスがそれまでの競技人生で最高の栄誉を手にする、まさに直前のことだ。無線を通して、ランスの声が入ってきた。「ヨハン、リンゴは好きか《ドゥ ユー ライク アップルズ》」

私は助手席にいたチームオーナーのトム・ウィーゼルを見て、眉を上げて見せた。一体何のことだ？　ランスは大丈夫か？

面食らいながら答えた。「ああ、好きだが。トムも私も」一瞬、間をおき、「なぜだ？」

「見ろよ――やったぜ《ハウ ドゥ ユー ライク ゼム アップルズ》！」

ランスはフィニッシュラインを越えた。空を仰ぎ、両手を高く上げて。

これは私だけでなく、皆のお気に入りのエピソードだろう（「ハウ・ドゥ・ユー・ライク・ゼム・アップルズ［How do you like them apples?］」には「やったぜ」という意味がある）。だが、無線を通したランスとの会話に思いを馳せるとき、私が思い出すのはランスと共有した特別な時間だ。それは無線や言葉だけの話ではない。真のコミュニケーションが持てた時間だ。

ランスと組むと決めたとき、私の突飛な発言は「ツール・ド・フランスで優勝する」という宣言にとどまらなかった。ペダリングを変えろ、と言い渡したのだ。それは、自転車の乗り方についての彼の知識をすべて覆すことを意味し、生半可なことではないとわかっていた。自転車選手は、普通に乗るときでも一分間に八〇～九〇回のピッチでペダルを踏む。わかりやすく言えば、一時間あたり五〇〇〇回になる。プロなら一日に四～五時間は走るので、一日あたり二五〇〇〇回だ。一年に二〇〇日乗れば、年間五〇〇〇万回。ランスは、一五歳のときからトレーニングとレースを始めている。つまり一九九九年の冬まで、ランスの身体は実に六五〇〇万回、特定のスタイルのペダリングを続けてきたことになる。

それを数カ月で修正しなければならない。

それまでランスは、がむしゃらなパワーで経験不足を補い、山岳ステージではそのパワーに頼りすぎるきらいがあった。ペダルを回すスピードをもっと速めることができたら、その超人的な酸素消費力と生来の身体能力を最大限に駆使して、他の選手が息絶え絶えになっても、効率的に酸素を消費することができるだろう。パワーを小出しにせず、貯めることができれば、ここぞというときに活用することができるだろう。

そのためには、サドルに座ったまま、一分一〇〇～一二〇ｒｐｍまでケイデンス（一分間のクランク回転数）が上がるように身体を訓練し直さなければならない。当初、彼は本能的にサドルから腰を上げて、上りを制覇しようとしていた。そこで冬と春の長いトレーニングの間、ヨーロッパの山々で練習を積んだとき——毎日、何時間も山を上っては下り、越えてはまたさらに上り続けたとき——私はランスの後ろでサドルから腰が浮くのを見る度に、腰を下ろせ、と無線に向かって言い続けた。

ランスは苦しんでいた。腰を上げてペダルを踏み込んだ方が、気分がいいことだろう。その方が自然で、力強く感じるからだ。構わずに私は、「腰を下ろせ」と言い放った。ランスの耳には、いやな指示にしか響かないことを承知しながら。ペダルを回せ。高ケイデンスだ、ランス。高ケイデンスだ。

ランスは腰を下ろして、ペダルを回すスピードを速める。心拍数が上がっても筋肉への負担はあまりない。効率はよくなっていた。作戦はうまくいっているのだ。

「腰を下ろせ」私はしつこく繰り返した。まるで呪文のように。

二人ともこの呪文にうんざりしていた。トレーニングが進むにつれて、ほとほと嫌気がさしていたのだ。私も同じ指示を出し続けるのはいやだったし、ランスも聞きたくなかっただろう。だが、私は繰り返した。それしか方法がなかったからだ。腰を下ろした高ケイデンスのペダリングに慣れなければならない。

とうとうある日、ランスが切れた。上りに入ったとき、イヤホンを耳からむしり取ったのだ。上り続ける脚の動きに合わせて、コードがぶらぶらと振り子のように弧を描いているのが見えた。上りがきつくなり、ランスがサドルから腰を上げた。反射的に、無線に向かって私は指示しかけた。

腰を上げてペダルを踏み込むランス。私は、手のひらをクラクションに当てた。

ブブ――――ッ！　ブ――――ッ！　ブブ――――――ッッ！

ランスは腰を下ろし、肩越しに振り返った。ペダルを回すスピードを速めた。

また腰を上げた。私はクラクションを鳴らす。

ランスは座った。今度は本当に私のメッセージが伝わったのだ。

そして未来のツール・ド・フランス七連覇の王者は、最高のスピードでペダルを回し続けた。

第五章　信頼を得るには、信頼せよ

どんなレベルでも信頼を得るには、
瞬間をとらえなければならないのだ。

一九九五年のツール・ド・フランスは、幸先のいい出来事が重なった。私は序盤でステージ優勝を手にして、チームには二人もマイヨ・ジョーヌに手が届きそうな選手がいた。王者ミゲル・インデュラインを打ち負かすチャンスが到来したのだ。インデュラインはすでにツール四連覇を達成し、その年は五連覇するだろうと予想されていた。

インデュラインは雲の上の、別格の選手だった。個人タイムを競うタイムトライアルではすべてトップの成績をおさめていた。山岳ステージのアルプスに入ってからも、その大きな体を驚くべき馬力で動かし、力強くよどみない上りを見せた。ひらりと機敏な動きを見せる小柄なクライマーに比べて、インデュラインは蜂の群れの中を大きな足取りで上る熊のようだった。必死でついて行こうとする私たちにとって、その静穏な動きは不気味でさえあった。ところがマンドへの山岳ステージで、私のチームのローラン・ジャラベールが早くから猛烈なアタックをかけた。集団から逃げてタイムを奪い、マイヨ・ジョーヌまであと一歩というところまで行った（この日のジャラベールの英雄的な走りをたたえ、このコースはローラン・ジャラベール峠と名づけられた）。

インデュラインが王座から転落するチャンスかも知れない。四年にわたるインデュラインの君臨を経て、今年のツールはやっと集団がつかみかけている。意外なポイントでインデュラインからタイムを奪えば、新チャンピオンが誕生するかも知れない。ジャラベールは「マイヨ・ヴェール」もねらっていた。マイヨ・ヴェールは、スプリント賞に与えられる緑色のジャージで、獲得する方法はいくらでもあるため、ツールを複雑で面白くする、レース内の一つのレースだ。

ツール・ド・フランスには、まず各選手のレース全体におけるタイムを合計した総合成績がある。総合成績が最もいい選手は黄色のジャージ、マイヨ・ジョーヌを着用する。一方、毎日、各ステージの優勝者が表彰台に立つ。緑色のマイヨ・ヴェールは、ポイントジャージまたはスプリントジャージとも呼ばれ、各ステージ内の特定の地点とゴールでの通過順位によりポイントを計算し、ポイントが最も高い選手に与えられる。赤い水玉のマイヨ・ブラン・ア・ポワ・ルージュは、山岳王のジャージとして知られ、山岳ポイント地点でのポイントを合計して一位の選手に与えられる。それから白のジャージ、マイヨ・ブランがある。二五歳以下の中で、その日の総合成績が最上位の選手に与えられる新人賞だ。さらに各ステージの最後に、その日、特に果敢な走りを見せた選手が選ばれ、赤地に黒抜き数字のゼッケンが特別審査員から授与される（従来は赤地に白抜き数字であった）。チームの成績は、全員の総合タイムを合計して決められる。また、ランタンルージュという、総合成績が最下位の選手に与えられる呼称にも、影ながら目が離せないレースが繰り広げられる。これは奇妙だが名誉な称号だ。棄権しないタフさを持ち合わせているということになるからだ。

ジャラベールのアタックで、インデュラインは弱さを露呈した。インデュラインが潰れたとき、表彰台に上るチャンスが最も高いのは、我々のチームのアレックス・ツーレだろうと考えていた。ツーレは強靭でストイック、勇猛なスイス人ライダーで、私の現役時代からランスの現役時代まで活躍を続けた。タイムトライアルの元世界チャンピオンで、一四年の現役生活の間、ブエルタ・ア・エスパーニャで二度の優勝、ジロ・デ・イタリアとツール・ド・スイスで三度のステージ優勝（ツール・ド・フランスでは二度）を飾ったオールラウンダーだ。才能あふれる素晴らしい選手だが、不運だったのは、その現役生活がツール五連覇のインデュラインと七連覇のランスと重なっていたことだ。

だが、その日のステージでは、ツーレが勝つと私たちは皆信じていた。チームの作戦隊長として、私は目と耳、脚、そして頭をずっと働かせ続けた。ツーレにステージ優勝という名誉を与えるために、すべての選手のあらゆる動きを観察しようとした。

ところが、それがすべて些細なことに感じられるような事件が起きた。

レースはピレネーに入ったばかりで、私たちはポルテ・ダスペ峠を上っていた。この峠は、ツールの中では穏やかな上りだ。一七キロほど上っても九〇〇メートルしか高度は上がらず、ずっと安定した勾配が続き、サドルに腰を下ろしたまま走ることができる。プロトンは上り続け、下りに入ると細長い列状になった。

下りでプロトンは、くさびのような形状から一本の糸のような形になって走る。カーブを曲がるときに最も速くて安全な方法は、カーブ手前で大きく膨らみ、カーブの内側に向かって鋭く切り込み、大きくまた外側に回ることだ。三～四列の隊列ではこの方法は難しいため、前の選手のすぐ後ろにつくような形になる。また、カーブでは前との差が詰まるので、スペースを空けなければならない。

一列になった選手の数はあまりにも多いため、誰か一人が滑ったりパンクしたり、カーブを曲がりきれなかったりすると、連鎖反応で立て続けに落車が起きる。

ポルテ・ダスペ峠を下る途中、事故があったのがわかった。いつもと同じで、誰が原因なのかは定かでないが、一五人から二〇人ほどが落車し、地べたに横たわっている選手も多かった。立って肘や腕を押さえている者。自転車を起こそうとして、ホイールがスムーズに動くかどうか見ている者。少なくとも一人の選手の周りを医療班が囲んでいた。見ていて決して気持ちのよいものではないが、ツールでは珍しい光景ではない。

運よく落車を免れた私たちは、そのままゴールを目指して下り続けた。しばらくして、ある知らせが集団を通して伝わってきた。オフィシャルの無線を持っていた選手から、さらにはプロトンの一人一人から。

ファビオ・カサルテッリが落車して命を落とした、と。

カサルテッリはまだ若く、人当たりのいいイタリア人で、プロとしての振るまいを心得て、すぐにトップレベルのパフォーマンスを見せる選手だった。くだけた男だったが、決してふざけた印象は与えない。彼を説明するときは、「人なつこい」という形容詞がよく使われた。そして、強い選手でもあった。数々のレースで優勝して、一九九二年のバルセロナ・オリンピックでは、個人ロードレースで金メダルを取っている（このときの金メダル有力候補にはランスもいた）。カサルテッリが、ランスと同じチーム・モトローラに入ったことは知っていた。美しい妻と、生まれて一カ月にもならない赤ん坊がいることも。

プロトンは皆、深い衝撃に包まれ、ゴールは暗く重苦しい雰囲気に覆われた。

一カ月間にもわたるツールでは、落車事故は避けられない。その数はあまりにも多く、終盤には覚えていられないほどだ。誰もが、自転車選手となれば当然リスクは予想される。そのリスクは命に関わることも心得ている。どんなレースも、命を落とす可能性をはらんでいることも知っている。

だが、自分が死ぬとは誰も考えない。それは、いろいろなスキルやタイミングの組み合わせと、ほんのわずかな幸運のおかげで、私たちのほとんどが死を免れてきたからだ。車にぶつかり、フロントガラスを突き破る。観衆に激突する。犬や猫を轢いてしまう。スプリントで衝突して、砂利や濡れた道でスリップする。ウォーター・ボトルを落とす。縁石やタイヤにぶつかる。――落車の原因は、実にさまざまだが、自分はいつまでも生き残れると思っている。

しかし、そうではないのだ。カサルテッリの死は、私たちが生きていられることは単なる幸運に過ぎないとわからせてくれた。彼は落車した拍子に道の反対側まで滑り、頭を縁石に打ちつけ、頭蓋骨と首を骨折したのだった。

モトローラは棄権を考えており、翌日のレースには出ないらしい、との知らせが伝わってきた。特にランスは大きなショックを受け、家に帰り、母親や友人と追悼したいと考えているという。だがその夜、皆がホテルのダイニングルームで夕食をとったあと、マッサージを受けてくつろいだり、ニュースを見たり、あるいは眠りにつこうとしていたとき、カサルテッリの妻がモトローラの選手全員と会い、彼のためにもレースを続けてほしいと言ったという話が伝わってきた。

翌朝、モトローラの選手は、ススタートライン横に並び、プロトンはその後ろに集まった。通常のレースではなく、カサルテッリに捧げるツール・ド・フランス式の葬送行進が始まった。モトローラの選手のすぐ後ろにはチームカーがつき、八時間のあいだ集団の前を進んだ。ゆっくりとペダルを踏みながら、私は時折、前を行くチームカーの上を見た。そこには何台ものスペアバイクが積まれるかわりに、一台だけ自転車が載せられていた。黒のリボンで飾られた、カサルテッリの青い自転車が。

ギアが鳴りホイールが回り、風がささやく。その八時間、私たちはカサルテッリを追悼して、自らの危うい運命を振り返った。過去に命を落とした選手について、静かに言葉を交わした。若いときに事故で亡くなった友人や、直接は知らない伝説の選手。悲報を通して聞いた遠い外国の選手。私は父に思いを馳せた。それから父のために優勝を手にしたあのステージのことを。

その日の終わりに、モトローラの選手は皆、フィニッシュラインを同時に越えた。フィニッシュラインに着いたとき、私は思った。つらいことだが、カサルテッリや死や危険について考えるのは、ここで終わりにしなければならない。レースがそう求めている。ジャラベールもツーレも、私のベストをつくすに値する選手だ。偉大なインデュラインも、選び抜かれた選手の挑戦を受ける権利がある。カサルテッリの妻は、モトローラにレースを続けてほしいと願っている。カサルテッリ自身も、ここでの葬儀はもうこれで終わりにしてほしいと願っていることだろう。トップライダーが誰でもそうであるように、彼はプロトンにできるだけハードなレースをパリまで続けてほしかったはずだ。

翌日、レースは通常に戻った。私はライバルチームのアタックを抑えて、逃げを分析し、タイム差を計算した。ツーレがインデュラインを脅かす中、チームと共にツーレを守った。その日の終わりにボルドーに着いたとき、プロトンから安堵感が伝わってきた。つらく過酷なレースだが、死と違って、レースならどう立ち回ればいいか皆わかっているからだ。

次の日、私は二五人の先頭集団にいて逃げを抑え、後続から大きなリードを奪っていた。中にランスを見つけて、軽くうなずき挨拶を交わしたが、ランスは心ここにあらずといった感じだった。カサルテッリの死の衝撃からまだ立ち直れないのだろうと私は考えた。私たちは後続集団が差を縮めてこない程度の十分なスピードで走り続けた。ばてることのないように、決して速すぎることのないように。私はタイムをマークして、新しい動きの兆候がないか、まわりの選手をチェックしていた。そしてランスをじっくりと観察した。

それまでランスはツールで完走したことがなかった。山岳ステージが彼の弱点だと言われていたが、弱点はある意味で彼自身だと私は考えていた。まるで世界を制覇しようとするかのように、力強いペダルストロークで大地を叩きつけるように走る。私は再び、私のレースへの勘に彼の身体能力が伴えばどんなにいいだろう、と考えた。

大半の選手にはハードな走りだったが、私たちにはいろいろと考える余裕がある程度のペースだった。他の選手はシューズのストラップを直したり、肩の筋肉をほぐしたり、ハンドルバーについている速度・心拍数計測器に目をやったりしていた。けれどもその実、お互いの様子を盗み見ていたのだ。リモージュのゴールまで四〇キロ。まだ道乗りは長く、アタックをかけるには早すぎるが、そろそろ準備しなければならないときだ。いよいよ、というときに誰の後ろで風を除けるのか。ばてているのは誰か。まだ体力が残っていそうなのは誰か。そして——。

ランスがアタックした！

まるでバネではじかれたように飛び出して行った。

ランスは瞬く間に集団のトップから差をつけた。五メートル。一〇メートル。私たちは顔を見合わせて、シフトレバーに指をかけた。だが誰も何もしなかった。

アタックの時機としては早すぎる。一人で残り四〇キロも走り切れるわけがない。ランスは圧倒的な力を見せつけたが、今回も自分の能力を過信している。絶対に追いつかれてしまうはずだ。

ブルーのジャージを着たランスの後ろ姿がどんどん小さくなり、カーブの向こうに消えた瞬間、カサルテッリのことを思い出した。それまで心の隅に押しやろうとした悲劇を。

ふと、父のことが頭に浮かんだ。

同時に、あの日の父に捧げたステージ優勝を思い出した。私も今のランスとまったく同じように早く出過ぎたのはなかったか。

ランスは、やれるのだろうか。

私はいわゆる信心深い人間とは言えない。どちらかと言えば、精神世界を信じるというカテゴリーに入るのかも知れないが、魂や死後の世界や、この世とあの世の意味について、何か答えを持っているわけではない。ただ確かに言えるのは、一九九三年のツールでステージ優勝を手にしたとき、そこに父が一緒にいたということだ。

父の姿が見えたとか、声が聞こえたとか、ペダルを踏んでくれたとか言うのではない。確かにずっとそこに父がいると感じた。ただそれだけだ。

ランスはリモージュでステージ優勝を飾った。私たちが最後は全力で追ったにもかかわらず、一分差をつけて。彼は手を高くふり上げ、上を指さし、空を見上げた。ゴールはファンや選手やサポートスタッフの歓声と泣き声で大変な騒ぎだった。レポーターやテレビカメラやラジオ局のマイクに囲まれたランスは、こう言った。「今日のレースは、二人の力で走りました」

翌日、プロトンはリモージュの町を出て次のステージを走り始めた。私はランスの横につけて声をかけた。「すごかったな。正直、やれると思わなかったよ」

ランスは笑顔を見せた。それは純粋な喜びと、感謝の念がまじっているような表情だった。

「勝てるだろう……、とわかったんだ」自慢しているような口ぶりではなかった。

「そうか。アタックが早すぎるぞ、何を考えてるんだ、と思ったんだが」そのときのことを思い出して言った。

「いや、やれるとわかったんだ。一〇メートル差をつけた時点で、もうつかまらないと。何て言うか……」

私は、父の存在を感じたあの日のことを話したい衝動にかられた。だが何かが私を押しとどめた。私たちはプロのライダーだ。お互いの弱さを探り合う能力に頼る、熾烈な毎日を送っている。

私はレース中、プロトンを自動的に探るように自分を訓練していた。誰かと話しながら走っているときも注意深く観察した。右膝がもたついているが、それはずっとそうだったのか、それとも疲れからきているのか。その観察事項を頭の中のファイルにまとめ、また次に同じ選手が来たときに取り出す。あるいは、あまりきつくないコースで交わす何気ない雑談から、縁起をかつぐ選手だとか、移動が苦手だとか、この地方の水が合わないなどというデータを得る。そういった情報をいつもたくさん受ける側にいたので、相手が得た自分のデータは、いつか逆手に取られる可能性があることをよくわかっていた。インデュラインのように超然としている方が得をするはずだ——。

ところが、思わず口から出てしまった。「同じ経験をしたんだ。父が亡くなったとき、ステージ優勝を父に捧げた。アタックはどう考えても早すぎたが、なぜか勝てるとわかった」

ランスは何か考えるように首をかしげ、目を細めた。

ここまで言ったからには、終わらせよう。「父がそばにいてくれたのを感じたんだ」

目と目が合った。ランスはかすかにうなずいた。

「とにかく、すごい走りだったな」

そして私たちは、ペダルを踏みこんだ。それぞれのチームで仕事につくために。

何も私は、こんな個人的な話をして仲良くなろうとしているわけではない。近くにいる誰にでも秘密を打ち明けたり、チームメイトに話したりはしない。だが、どんなレベルでも、信頼を得るには、たとえばこういった瞬間をとらえなければならないのだ。

たとえば、ダーク・デモルを副監督にしたときのことだ。彼を採用した大きな理由の一つに、パリ〜ルーベやフレーシュ〜ワロンヌなどのワンデーレースを、私が不得意としていることがある。こういったレースでは、戦略を素早く実行しなければならず、パワーが器用さに勝り、パンクやカーブで滑るなど、不運な事故から立ち直るチャンスも少ない。私は三週間にわたるレースの展開を読む才には紛れもなく恵まれていたが、秒刻みの決定が必要なワンデーレースでは、私より優れた誰かが必要だった。同じベルギー出身のダークは、私にない要素を持っていて、まさに適任だった。

ダークは、一九八八年のパリ〜ルーベの石畳のレースで優勝している。副監督として雇ったとき、彼に正直に理由を話した。だからこそ、私がどう思うかとか、私が彼の戦略を批判しないだろうかなどと迷うことなしに、クラシックなどのレースで仕事をこなしてくれたのだ。

私はよくあるチームワーク作りのゲームはあまり好きではない。それぞれ椅子から立ち上がり、順番に自分の秘密を明かしてお互いに打ち解けさせるようなやり方は。

その代わり、選手がお互いを信頼し合うチャンスを作り出せるようにしている。たとえば、いろいろな国の選手がいる我々のチームでは、国同士でかたまらないようにするのは至難の業だ。だからレース以外の場では、同じ国の選手が一緒にならないようにする。クライマー二人がたまたまスペインの選手だとすれば、レース中に引き離すことはできないが、宿泊先の部屋は別にする。できるだけ多くのチームメイトと仲良くなり、お互いの言語を学び、家族に電話しているのを聞き、必要ならシャンプーだって借りる。アメリカ人選手は、ZZトップの歌詞の意味をヨーロッパの選手に教えてやろうとする。日々のやりとりやジョークを通して、お互いに寄せる信頼感が培われ、友情を信じるようになる。

私は運命や宿命を信じていない。人生とは、与えられたものをどう活かしていくかによって変わるものだ。ランスと私が、まったく同じような状況で、人生で最高の走りという経験を共有したこと。選手を隔てる壁を破り、何年もあとになって、ツールに七連覇し記録を塗り替えたということ。それに何か大きな意味を見出したい、と思う人もいるかも知れない。私はどうだろう。私は、勝者とは何かという問いに関わってくることなのだと思う。ランスも私も、勝者の本能で動いていた。それは、ペダルを踏むときだけでなく、無敵であることが必須の自転車競技ではまれな繊細さを見せたときも同じだ。ごく深い部分で――無意識とか、原始とか、動物的本能とか、あるいはスピリチュアルなど何でもいい――二人とも、そういった形でつながる強さを感じたのだ。

この日のやりとりがあったあとも、ランスと私は、まだ親友になったとは言えなかった。しかしある意味で、私たちはその瞬間、普通の友人よりはるかに近くまで近づいたのだ。何年も離れた別々の日に同じ体験をするという、一風変わったつながりを持ち続けて。そして、そのつながりこそが、監督とスター選手という形で私たちを再会させたのだ。

あの日のことは、あとでランスと親友になってからも再び触れることはなかった。あまりにも心の奥底の話だから。

第六章　トリックは巧妙に

強さと弱さは、私たちの内部に共生する。
それが見えないのは、愚か者だけなのだと。

二〇〇一年のツール・ド・フランス。はじめの山岳ステージの上りで、ショッキングな光景が繰り広げられた。

前年までツール二連覇に輝いたランスのスムーズなペダリングに何かが起きたのだ。はじめはほとんどわからない程度だったが、前輪が確かにふらついている。世界で最も鍛えあげられた無敵の選手、ランス・アームストロングが、集団の後方に落ちていく。周りの選手は沈黙して、衝撃を隠しきれず、ランスを見ながらも見つめていることに気づかれないようにしていた。それはまるで、父親が初めて泣いたり、重い箱を持ち上げることができなかったところを目にすることに似ていた。腰を上げてペダルを踏み、腕立て伏せのように腕を動かしながら、肩で息をし、とうとうランスは集団の最後尾まで下がってしまった。

我々のチームは山岳ステージに入ってから、定石どおりの戦略をとるだろうと予測されていた。先頭を引き、猛烈なペースで走り、山岳ステージの麓まで集団を引っ張る。そこでランスが前に飛び出し、レースに揺さぶりをかけるのだと。

しかし今回は違った。ランスは頭を振っている。ペダリングはバラバラだ。チームカーのダッシュボードに取り付けた無線機や、その上のテレビから、興奮したアナウンサーの声が英語やフランス語で聞こえる。チャンネルを変えると、同じようにイタリア語やドイツ語や、あらゆる言語でわめき声が聞こえる。アームストロングに何かが起きたようです！　いつものパワーがありません！　後退しました！

アナウンサーがヒステリックにがなり立てる中、プロトンにもニュースが伝わっていった。「アームストロングが集団後方に落ちた」と。

私たちの最大のライバルは、ドイツの強豪、ヤン・ウルリッヒだった。ランスも私も、世界で私たちを倒せるのはウルリッヒただ一人だと考えていた。そのウルリッヒが、チームを従えてきた。スピードという名の弾丸の一群となって、ペースをどんどん上げる。「アームストロングの時代は、ここで終わってしまうのでしょうか？」アナウンサーが叫んだ。

二〇〇一年のツールが始まる前、我々のチームはあらゆる面で強い。しかし、窮地に追い込まれるかも知れないとも考えていた。確かにデータの上では優れたチームだった。ランスをはじめ、彼の長年の友人で忠実なアシストのジョージ・ヒンカピーのほか、トップクライマーのスペイン人選手二人がいた。コロンビア出身のビクター・ヒューゴ・ペーニャもクライマーだ。コロンビア出身の選手としては珍しく、平坦ステージも得意だった。それからヴィアチェスラフ・エキモフ、愛称「エキ」。集団を何時間も引っ張る巧妙なロシア人選手だ。チーム・タイムトライアル（チームＴＴ）の助っ人として、ノルウェー人ステファン・シェルガードもチームに入った。そして、優れたアメリカ人クライマー二人。そのうち一人は、クリスチャン・ヴァンデヴェルデで、山岳ステージがいよいよ困難を極めたときにランスをサポートできる選手だ。過酷な上りでランスをサポートして、山岳ステージまでの長く平板な距離をものにし、その上、チームＴＴでいい結果を出せるチーム構成だった。

　この年のツールでは、チームＴＴが明暗を分けるかも知れないと私は考えていた。チーム単位でタイムを競うため、優勝候補のライダーでも所属チームが弱ければ総合優勝を逃す可能性もある。逆に、チームＴＴで勝てるチームをつくれば、競争相手に対してタイムを稼ぎ、数日後に始まる山岳ステージの前に大きなリードを奪える。そうなると、ライバルチームがリードを奪い返すのは難しい。ライバルには山岳ステージに入った時点で、一位を諦めさせ、二〜三位争いをさせたかった。だからチームＴＴでいい結果が出せるようなチームづくりを意図したのだ。上りの面で最強ではないことを犠牲にしても。

前年のツールでランスは優勝し、プロトンの王者としての立場を確立した。それは、「ボス」と呼ばれるポジションで、市長のようでもあり、ゴッドファーザー的な立場でもある。勝利が「ボス」に譲られるわけではないが、ボスはレースのペースや雰囲気をつくる。ボスへの敬意と服従の意味を込めて、どのステージがハードになるか、比較的楽なのはどれか、逃げに入る選手は誰か、ステージ優勝のチャンスを得るのは誰か、集団はボスに決定を任せる。

だが、ボスの王座は絶対的ではない。いったん弱さを見せれば、その王朝は終わりを告げ、プロトンは王のいない封建国家のようになり果ててしまう。

予測がつかないレースは優勝候補にとっては好ましくないものだ。このような混乱を避けるため、ボスにはまず、どのステージも制することができるチームが必要になる。ボスを擁するチームは、先頭につき、必要ならば誰もアタックをかけたり逃げたりすることができないほどのハイペースで走り続けなければならない。さらに、リーダーを脅かすような逃げを追うことができなければならない。あるいは、脅威にならないアタックは、追わないようにプロトンを抑える。総合タイムで五〇分遅れている選手が七分リードしても問題はない。その日の自チームのポジションには何の影響もないからだ。ボスのチームは、どんな犠牲を払ってでもリーダーを守ることが必要だ。リーダーを他のチームの中で孤立させることなく、水や食料の補給を確認し、風から守らなければならない。

この駆引きの中で、ボスはシンプルだが難しい役割を担う。一瞬のひるみも見せない、まさに最強のライダーとして。

だが、冒頭から私たちはつまずいてしまった。それはわずかなつまずきだったし、ライバルやマスコミやファンにはわからなかったかも知れないが、私は気がつき、警戒を強めた。「プロローグ」と呼ばれるオープニングのタイムトライアルは、短いが激しいレースだった。雨と北フランス特有の厳しい強風に見舞われ、ランスは三位に終わった。わずか四秒差ではあったが、レース前に彼は勝つと言っていたのだ。幸い、ウルリッヒはランスから三秒遅れた。ツール全体から見れば、数秒の差はあまり意味がない。だが、全体のどこに自分が位置するのかという点で、選手に精神的な影響を与える要素になる。

一九九八年のツールで優勝したウルリッヒは、身体能力と素晴らしいパワーに恵まれ、驚異的な存在だった。それは、ツールに最高のコンディションで現われなくてもそうだった。ウルリッヒにはそういうことがよくあり、ツール優勝のための旧式の戦略に従っているようだった。初日には適性体重から数キロオーバーでスタートし、最初の数ステージを使って最適の体重とコンディションに持っていく、というやり方だ。ランスと私は、初日から最高の状態でいなければならないと考えていた。

ところがその年、ウルリッヒはベストコンディションで登場した。すっきりと贅肉がそぎ落とされた顔。まるで彫刻家が彫りあげたかのような、ペダルを踏む原動力となる脚と臀部の筋肉。その姿を見たとき、ランスと私は顔を見合わせ、頭を振った。ウルリッヒはこれ以上ない状態で、優勝を手にするためにやってきたと。

その後も、少しずつだが私たちは劣勢に陥った。序盤の数ステージは、例年よりアップダウンが激しく、USポスタルは前年よりレースを抑えるのに必死だった。第四ステージでは、九名の選手がヴェルダンへの起伏のある道で抜け出し、一〇分のリードを奪った。この逃げ集団には一九九八年のツールで三位につけ、タイムトライアルも上りも得意なボビー・ユリッヒがいた。彼にタイムを与えるのはリスクが高い。集団の先頭につき、海から吹きつける強い向かい風に立ち向かい、総力を挙げて追撃するようチームに指示した。

ロケットのついたロードローラーのように、我々のチームは集団をまっ二つに割った。八〇名の選手の集団が、他の八〇名の集団を一八分も引き離してゴールした。はたから見れば、私たちは圧倒的な強さを誇示し、典型的な「ボスのチーム」に見えたことだろう。

しかし私は再び、密かに懸念を抱いていた。選手たちは表向き、自信とエネルギーに満ちあふれたように見せていたが、宿泊先のホテルやバスの中、マッサージテーブルの上では皆、痛みと疲労を無言で訴えていた。その顔はげっそりとくたびれていて、精神面でも、生き生きとしているというよりは、気だるさが漂っていた。チームは大きなダメージを受けていた。

ヴェルダンがラッキーポイントになり、この状態から抜け出せれば。そう私は考えた。ヴェルダンまでの道では、集団を徹底的に潰してきた。翌日はチームTTだ。そこは、ランスが一九九三年に初めてツールでステージ優勝を飾った場所でもある。

チームTTに合わせた戦略はとりあえずうまくいき、ウルリッヒのチームは、我々USポスタルに三〇秒遅れてゴールした。最大のライバルからリードを奪ったのだ。けれども祝杯を上げる余裕など、まったくなかった。

チームTTのステージは、前日までと同様に風雨に見舞われた。我々のチームが突撃する中、雨で滑りやすくなった破線の上で、ヴァンデヴェルデのホイールがスリップした。落車して滑ったヴァンデヴェルデはチームメイトに突っ込み、二人とも一瞬のうちに道の向こう側まで飛ばされた。ヴァンデヴェルデは腕を骨折し、棄権を余儀なくされた。もう一人のライダーは傷とアザだらけだったのでレースを続けた。

その後も雨脚は弱まらず、強風が顔に吹きつける日が続いた。そして第八ステージで山岳に入る直前、私たちは致命的なミスを犯してしまった。

早くから一四人の選手が逃げていたが、私は追うなと指示した。逃げを許さないと思われるチームが他にいたからだ。ウルリッヒを擁するドイチェテレコムもタイムをそれ以上奪われてはならないはずだったし、ホセバ・ベロキのチームも同じだ。ベロキは細身だが果敢なスペイン人選手で、二〇〇〇年には三位につけ、今年も表彰台をねらっていた。彼も逃げ集団を潰したいと考えているに違いない。

しかし予想に反して、この二チームだけでなく、どのチームも追撃をかけなかった。追うのなら我々にさせようという魂胆だ。もしかしたら、USポスタルがリードするのに慣れてしまって、それ以外に選択肢はないと考えたのかも知れない。あるいは我々が限界ぎりぎりだということに感づき、さらに長くハードな追撃をさせ、ばてさせようしているのかも知れない。とにかく、どのチームも追撃するくらいならツールに負けた方がましだと思っているかのようだった。けれども私は、そう考えていることを表には出さなかった。一度決めたからには、覆すと逆手に取られかねない。私たちは、戦略的に厳しい孤立状態に陥ってしまった。

同時に逃げ集団はどんどんタイムを奪い、集団に三六分差をつけてゴールした。現代のレース史上、最大のリードだ（一九七〇年代初頭から二一分以上のリードはない）。逃げ集団のうち数人は総合タイムでランスより三〇分上回っていたが、多くは戦略的に無意味な存在だった。スプリンターや新人か、あるいは平坦区間やタイムトライアルに強い選手だったからだ。いったん山岳ステージに入れば、ランスとウルリッヒは余裕を持ってタイムを奪い返すことができるだろう。

一人、問題となるのはアンドレイ・キヴィレフだった。キヴィレフは二七歳のカザフスタン出身の選手で、総合ではランスから大きく後れをとっていたが、このステージで奪った三六分で一三分のリードを奪っていた。彼はクライマーだということを私は知っていた。ランスには到底及ばないレベルだが、山岳ステージでトップに躍り出るかも知れない。

優勝は遠のいたのだろうか。ヴァンデヴェルデはいない。もう一人のクライマーは別のステージで落車し、左腕を自由に使えない状態だった。一方、我々のチームは風で大きなダメージを受けていた。私はランスを信頼していたし、ランスはツール全体では強力な選手だ。けれども今のチームの状態では、過酷な山岳ステージでランスを守りきれないかも知れない。孤立して何キロも独走させることは避けたい。

第八ステージで明らかになったのは、他のチームは勝つためではなくランスを負かすために走っているということだ。ウルリッヒもベロキも、自チームにアタックを追撃させず、ハードな仕事はランスにさせ、そのランスのあとについた。そして意図的に何もしないことを選んだのだ。たとえ入賞を犠牲にしたとしても。

USポスタルは前代未聞の苦境に立たされていた。通常、レース中には、にわか作りの同盟が形成される。スプリンター選手を擁するチームは平板で集団をコントロールして、逃げ集団を追うことに手を貸してくれる。チームのスター選手をステージ優勝させたいからだ。あるいは、新人賞やチーム賞（全ライダーの合計タイムが一番低いチーム）のチャンスがあるチームも、レースをコントロールする手助けをする。総合優勝はできないが、二位か三位をねらう選手も一役買う。二位や三位になれば尊敬と名声を得て、何十万ドルという金額をスポンサー契約などとして受け取ることができるからだ。

しかしランスとUSポスタルは、あまりにも強大だったため、私たちを打ち負かすことが他チームの最大の目的になった。自分たちが勝てるかどうかは、そのあとに考えようというわけだ。何としてでもランスのチームを潰し、ランスがだめになるか見てみよう、と。キヴィレフのリードと、我々のチームの状態。ウルリッヒの最高のコンディションと、USポスタルを勝たせまいとするプロトンの意思。連勝はここで止まってしまうかも知れない。

上りがさらに険しくなり、苦闘するランスが再び集団の後ろに後退しそうになったとき、テレビ局のオートバイがチームカーの横につけた。開け放った窓からマイクが突っ込まれ、ランスはどうしたのかという質問が聞こえてきた。

私は肩をすくめて答えた。「大丈夫でしょう」

再びラジオやテレビからアナウンサーの声が聞こえる。「最初の山岳ステージでは、どんな選手でも脚力を奪われてしまいます！」

その通りだ。比較的平坦な道から、立ちはだかる壁のようなアルプスとピレネーに入ると、ライダーの身体はショックを受ける。何日も続く平坦な道では、スプリントで脚を伸ばしたあと、再び腰を下ろしてペダルを踏むことで、乳酸を抑えることができる。だが最初の山道に入ると、もう回復する余地はない。楽ができる場所もなければ、集団の中に隠れる意味もない。悪いコンディションをひた隠しにしていても、山の斜面ではさらけ出されてしまう。ときに、山岳ステージの一日目は最もコンディションが整っているはずの選手の身体にさえショックを与える。タイムを失い、痛みと恥に襲われ、ひどくつらい一日になる。次のステージで取り返そうとしても、総合成績で上位に食い込むにはダメージが大きすぎる。

ツールの山岳ステージは峠の難易度に従って五つのカテゴリーに分かれている。それまでの走行距離、その日の上りの距離、他の峠の難度、上りの最終高度、予測される天候、道路のコンディションや幅などに基づく、主観的な分類である。最も簡単な上りは四級で、難度に従って一級まである。四級は楽に上れる峠だ。三級は約五キロで、勾配が平均五パーセント。二級は勾配八パーセントで、距離はあまり変わらないが、トレーニングをしていない普通の人なら自転車を降りて歩かねばならないような上り坂だ。一級は約二〇キロで、勾配六パーセント以上。つまり、一級は二〇キロの間に高度が一・六キロ上がることになる。さらに五つ目のカテゴリーを忘れてはならない。最も難度が高い「超級」（ＨＣ［hors categorie］とも言う。フランス語で「カテゴリーを超えた」の意味）だ。超級はあまりにも険しく難度が高いため、数字ではとらえられない。いわば永久の苦しみというわけだ（超級の距離は一級と同じか少し短いが、勾配がきつい）。

この年の最初の山岳ステージは、超級の道が多かった。全長二〇八キロで、三つの超級の峠があった。そのうち最後の峠の頂上は、ステージのゴールでもある。いったん後退してしまったら、盛り返すことができる下りもない。

それだけではない。この山頂ゴールは、かのラルプデュエズにあった。二〇キロの峠で、二一のヘアピンカーブが壁のように立ちはだかる。ランスはラルプデュエズでステージ優勝を飾るのが夢だった。「カンピオニッシモ」——イタリア語でチャンピオンの中のチャンピオン——と呼ばれるイタリア人選手ファウスト・コッピは、ラルプデュエズでステージ優勝している。そしてツール五勝の実績を持ち、「ブルターニュの穴熊」の異名をとるベルナール・イノー。あふれる才能に恵まれながら、二〇〇四年にコカイン過量摂取で亡くなった悲劇のイタリア人選手マルコ・パンターニ。彼もここで二度のステージ優勝を飾り、一九九七年には三七分三五秒という最短登坂記録を打ち立てた。五〇万人以上のファンが道路脇に陣取るラルプデュエズでの優勝は、歴史的な瞬間だ。まさに王者の戴冠式のように。

だが、ラルプデュエズについて考える前に、まず二つの怪物を片付けなければならない。グランドン峠とマドレーヌ峠だ。最初のマドレーヌ峠で、ウルリッヒのチームが引っ張る中、ランスがペダルを抜き、集団の後方に落ちてしまったのだ。

我々のチームでまだ力を残していたわずかなクライマーの一人、チェチュ・ルビエラが、ランスの横からチームカーの方にやってきた。開け放った運転席の窓から彼の姿が見えたとき、「どうだ」と私は訊いた。

チェチュは心配そうに辺りを見回し、他の選手やマスコミが近くにいないことを確認した。誰もいなかったが、彼は念のため窓の中に顔を突っ込み、ほんの一瞬笑顔を見せたかと思うと、ささやいた。「全然大丈夫ですよ。楽勝です」

私は思わず頬がゆるみそうになるのを抑えた。「完璧だ」それだけ言って、チェチュに戻るように目で合図した。

「信じられません！」ラジオでまたアナウンサーが叫んでいる。

まさに私の思惑通りにいったのだ。

その前年のことだ。私たちが他の追随を許さないチームだということがはっきりしたとき、それを逆手に取られた場合どうするべきか、私は考えた。レース中に仲間をつくろうとするのはとても無理だとわかっていた。

しかし、どうだろう。他のチームがそうとは気づかずに手を結んでくれたとしたら。

それが、有名な「ブラフ」の誕生だった。

考えてみれば単純な話だ。USポスタルが弱いと思わせても、助けてくれるチームはいない。私たちが崩れるまで待って、ランスが孤立したときにアタックをかけてくるだろう。しかし、ランス自身が弱いと思わせれば、他のチームはアタックをしかけて、レースを引っ張るはずだ。最後尾にいるランスを落とそうと、先頭でプロトンを引っ張るような激しいペースで猛烈に走るに違いない。そしてこれこそ、私たちに必要なレース運びなのだ。ライバルチームはそうとは知らずに私たちの事実上の盟友となり、ランスを山岳の麓まで引っ張り、そこでランスが猛烈なアタックをかけるというわけだ。

このトリックは、一度きりしか使えない作戦だとわかっていた。二回目は、誰もひっかからないだろう。ランスとは何度も相談したが、彼は反対していた。ランスは常に圧倒的な力を見せつけてレースに君臨したかったからだ。

「この作戦を実行するのは、他に方法が尽きたときだけだ」ある日、ランスは言った。

「しかも完璧なタイミングでやらなければ」私は答えた。

私たちは、作戦を胸に秘めて待ち続けた。

これ以上ないチャンスが到来するまで。

再びテレビのクルーがやってきた。ランスは前方で苦しそうにしている。マイクを目の前に突きつけられ、私はあることにふと気づいた。ランスの不調が本当だったら、きっと私は自信があるふりをするだろう。だから、心配している様子を見せたら、私らしくないと計画がばれることにもなりかねない。

トリックにトリックを重ねなければならない。作戦の成功に胸を張りたい気持ちであふれていたが、今は募る不安を隠して自信があるように見せる演技をしなければならない。これだけは予想外のことで準備していなかった。

けれども、まったくの嘘もつきたくはなかった。

私はマイクの方に向き、おもむろに言った。

「調子が悪いようには見えるかもしれませんが、ランスはあくまでもチャンピオンです」

その言葉に嘘はない。

ウルリッヒのチームが世界でトップレベルの選手を引いて走り、レースに揺さぶりをかけた。残ったのは二〇～三〇人の選手だ。最後尾の方にいるようにしていたランスが、自分に水をかけるのが見えた。

ランスとは、前夜この作戦の実行について確認済みだった。この日のはじめ、集団から抜けてチームカーの前に来ると、ランスが無線で伝えてきた。私はアクセルを思い切り踏んで車を左に寄せて、集団の方へ行った。チームカーの方にやってきたランスを見て、彼が何を考えているかわかった。私はただ、「弱さを見せるのは今だ」と言った。

ランスはうなずいた。

ランスは自転車にもたれるようにして、胸を大きく上下させながら走った。マドレーヌ峠を上り、グランドン峠を越える。フランス人選手のローラン・ルーがアタックして、集団を数分引き離したが、ウルリッヒは気にもとめなかった。ウルリッヒは、ランスが今にも切れそうな細い糸にすがりついていると思っていたのだ。

ラルプデュエズに近づいたとき、「ランス！」と鋭く声をかけた。

やってきたランスに、こう言った。

「いいか。行くときは『フォレバック』だぞ」

「フォレバック（Vollebak）」とは私の母国語のフラマン語で、プロトンにその意味を理解できる選手はほとんどいない。ランスには、全力で一一〇パーセントの力を振り絞って行け、という意味だと教えてあった。レースを叩き潰さなければならない。私は繰り返した。

「『フォレバック』だ。わかったな」

ランスはアタックをかけるとき、オオカミのように残忍な表情を見せることがある。だがこの日は、純粋な喜びで嬉々としていた。目を輝かせたかと思うと、それまでまとっていた衣装を脱ぎ捨てるかのように疲労感を取り払い、言い放った。「フォレバックを見せてやるよ。今まで見たこともないようなやつを」

ラルプデュエズの麓で、ルーは七分リードを奪っていた。あと二〇キロでその差を奪い返せるわけがないとアナウンサーが興奮した口調でわめく。ウルリッヒのチームは安定してペースを上げ続け、ランス・アームストロングが潰れるのを世界中が生中継で見ていた。

「フォレバック！」無線機に向かって私は怒鳴った。


それは、ほれぼれするような光景だった。サドルから腰を上げると同時に、ランスはいつも通りに戻った。ペダルストロークも、上半身も。がむしゃらさと優雅さがただちに舞い戻り、まるでガゼルをねらう前のチーターのようだった。まさに、いつものランス・アームストロングで、私たちの計画が花開いた瞬間だった。ツール・ド・フランスは、こんなアメリカ人選手や戦略を経験したことがなかった。

ルビエラ、ランス、ウルリッヒが集団から抜け、すぐに差を広げた。ルビエラが引き、ランスがサドルから腰を上げた。ランスはウルリッヒを振り返った。それはレースという単位では長い時間だったが、ほんの二、三秒のことだった。ウルリッヒはこのときまでランスを打ち負かし、ツールに勝てると思っていたのだ。

ランスは、自転車のクランクが壊れんばかりの勢いで前に飛び出した。

「後退したぞ！　ウルリッヒ後退だ！」私は狂喜乱舞して無線機に向かって声を張り上げた。テレビやラジオが何やらがなり立てているのが耳に入ったが、雑音にしか聞こえなかった。目の前で、モーターボートが通ったあとの海のように、五〇万人の観衆が左右まっ二つに分かれていく。それはただの色と動きでしかなかった。完全無欠の瞬間だけが、そこに存在していた。

ランスはルーをつかまえて追い越し、両手を高く上げて、ラルプデュエズの優勝者にその名を連ねた。

彼はツールの王者であり、ボスであり、紛れもないリーダーだった。

もちろん、ツールはその日で終わったわけではない。ラルプデュエズで勇猛な走りを見せたキヴィレフは、ランスからわずか四分三九秒遅れで一二位につけ、総合成績ではまだランスを八分リードしていた。

最終的に、ランスはそれを超えたタイムをキヴィレフから奪い返した。その日、ラルプデュエズで私が予想したように。

マイヨ・ジョーヌは、ギリシャ神話の「金の羊毛」のようだと言う。身につけた者は誰でも魔法にかかり、祝福され、近づくだけでも偉大な力をもらえるのだと。キヴィレフは「ボス」のように走り、第一三ステージまでランスにリードを奪わせなかった。第一三ステージは、もう一つの山岳ステージだった。ランスの昔のチームメイト、ファビオ・カサルテッリが九五年のツールで亡くなったポルテ・ダスペ峠だ。

ランスは第一三ステージでステージ優勝し、マイヨ・ジョーヌを獲得し、両方をファビオに捧げた。キヴィレフはその後も健闘し、最終的に表彰台にあと一歩の四位につけた。

後年のレースでも、ランスの横について上ってくれたら、どんなによかっただろう。キヴィレフは二〇〇三年、パリ～ニースで落車し、頭蓋損傷で死亡した。キヴィレフの姿は二〇〇一年のツールの記憶に結びついている。専門家のほとんどが、弱くてばてやすいだろうと考えた身体で、素晴らしいパワーを出し続けたキヴィレフ。一方、ランスはこの年、チームの弱さを自らの最高のコンディションの下に隠して、自分を弱く見せることに徹した。そう考えると、ある大切なことがわかる。強さと弱さは、私たちの内部に共生する。そして、それが見えないのは、愚か者だけなのだと。

第七章　肉を切らせて骨を断つ

一位にならなくても、勝つ方法はある。

二〇〇一年のツール・ド・フランスで、ランスの最高のコンディションと「ブラフ」戦略とが功を奏し、我々のチームはラルプデュエズで圧倒的な勝利をおさめた。だが、これが伝説のラルプデュエズとの最初の出会いではなかった。ランスと私と、この名だたる山とは、ある歴史を共有していたのだ。

ランスがツールで初優勝を飾った一九九九年、第一〇ステージのゴールはラルプデュエズの山頂だった。その前日、最初の山岳ステージ（第九ステージ）が始まる時点で、ランスは癌からの復帰だけでなく、ツールで優勝する決意と実力を確信した。有数のクライマーがランスを潰すチャンスをうかがっていたが、ランスはフェルナンド・エスカルティンとイヴァン・ゴッティの驚異的な逃げを追撃し、宿敵アレックス・ツーレ（私の元チームメートでもある）

を退けた。ランスはこの日の走りで、前日のタイムトライアル・ステージに続き、マイヨ・ジョーヌを手にした。

第一〇ステージ当日の朝、チームは激しく酔いしれるような雰囲気に包まれていた。皆、興奮とエネルギーと自信にあふれ、もう一度全員でランスを支えて、山岳ステージで集団を揺さぶり、圧倒的なパワーを誇示しようと息巻いていた。そして、その通りになるだろうことは明らかだった。ツールはまだ半分も終わっていなかったが、ランスの優勢は必至だ。それは、ラジオで気になった曲を耳にした瞬間、ヒットになると直感するのに似ていた。

その日の朝食時、選手たちがふざけて自慢大会をしている中、ランスと二人きりになった。

「昨日みたいな走りをすれば、僕に勝てるやつはいない」ランスは言った。

「そうだな」私はうなずき、ランスから少し目をそらし、深呼吸をしてから言った。「ここには何をしに来たんだ?」

「ツールに勝つためさ!」間髪を入れずランスは答えた。満面の笑顔で、自信たっぷりに。ずっと練ってきた計画が、まさに実ろうとしていることに感慨を込めて。私自身も、説明しようのない興奮が身体を駆けめぐるのを感じた。とうとう現実になったのだ！　ツール優勝を宣言してみたり、他のレースに参加せずにツールのコースでトレーニングをしたりというのは、正気の沙汰ではなかったかも知れない。だが私たちは正しかったのだ！

「そう、その通り。ツールに優勝するためだ。総合優勝だ」私は言った。

「当然、総合優勝さ」ランスが繰り返した。

「だから、今日は勝たない方がいい」あっさりと私は言った。

どうやってランスに伝えるべきか、前の晩ずっと頭を悩ませた。ランスが拒否反応を示すとわかっていたからだ。

実を言えば、私もそんなことは言いたくなかった。「勝たない」ことは、私の本能に反しているからだ。私の本能は「行け！」と命じている。このまま突き進み、すべてのステージで優勝しろと。

しかし気がついた。レースをしているのは自分ではないのだと。ステージ優勝は、私の選手生活では大きな成功を意味した。そんなチャンスがあれば絶対にものにしたことだろう。だがランスにとっては、ステージ優勝はただの足がかりでしかない。一つひとつのステージが、全体の戦略の一部なのだ。あるステージではタイムを奪うため。またあるステージではライバルを脅かすため。別のステージは身体を回復させるため。チームのポジションにダメージを与えず、一歩でもゴールのパリへと近づけるよう、ただやり過ごすだけのステージもある。

そして、このラルプデュエズのようなステージは、戦略や実力を隠すために最も重要なステージだった。

ランスは第八ステージのタイムトライアルで約一分のリードを奪い、第九ステージのセストリエーレへの道で圧倒的な強さを示した。来る日も来る日も少しの衰えも見せず、ゴールのパリまで突っ走るだろう。しかし、チームの若い選手とわずかな数のメカニックやマッサジャーが、圧倒的な優勝候補を支えるプレッシャーに耐えられるだろうか。チームへのスポットライトや熱烈な期待を少し鎮めた方がいいだろう。ランスが優勝するという可能性に少しはかげりがあった方が好ましいのだ。

フランスのマスコミはランスの活躍について、「超人的」「宇宙人のような」という形容詞を使い始めていた。その行間には、疑念と非難めいたニュアンスが読み取れた。昨日のステージ優勝に続いて今日も優勝すれば、マスコミはきっとドーピングだと騒ぎ立てるだろう。また、少なくとも数ステージはライバルの注意もそらしたかった。プロトン全員がランス一人を負かそうとするのではなく、互いに気を取られるように仕向けたかったのだ。

「目標は、三週間の総合優勝だ。ステージ優勝三つではない」

ランスは眉間にしわを寄せ、仏頂面になりながらも耳を傾けた。私の指示は、ランスの全存在に反することだとわかっていた。ランスはこれまで会った中で、最も強烈に、純粋に、勝利を愛する人間だ。それが自転車競技でも、株の売買でも、あるいはレストランで誰がおごるかを決めるときでも、勝たなければ気がすまない。勝利が必要なのだと言ってもいい。勝つことは、彼にとって酸素のようなものなのだ。

「私を信じろ。信じるんだ。大きな獲物をねらうためには、小さい獲物を逃すことも必要だ」私は重ねて言った。

勝利の定義という点で、自転車競技は面白いスポーツだ。サッカーやバスケットボールには、スコアがある。勝つか負けるかしかない。一方、自転車競技では、はっきりと白黒がつけられない。一位にならなくても、勝つ方法はある。だからこそ、私は自転車レースを人生にたとえるのだ。

数週間続くステージレースで五位に終わったとしても、山岳賞のジャージを手にすることはできるかも知れない。ぼろきれのようになるまで一日中走り続けることは、競技を知らない人にはまったく無意味に思えるかも知れない。だがそれには、調子が思わしくないリーダーを守ったり、リーダーが山岳ステージで力を発揮できるように山の麓まで無事に送り届けたりするという重要な意味がある。一見、無駄だと思えることが、実はレース全体の成功につながるのだ。

ラルプデュエズで本当の意味で「勝つ」ためには、ゴールを最初に越える必要はない。ただ敵が逃げを決めてタイムを奪うことを防げばいい。

主なライバルは三人いた。強固なオールラウンダー、スペイン人選手のアブラハム・オラーノ。総合タイムでランスと六分差で二位につけていた。もう一人のライバル、ツーレとは八分差だったが、オラーノよりも危険な存在だ。その上ダークホースとして、九分差のエスカルティンにも注意しなければならない。

最高のシナリオは、ランスがこの三人につき、総合成績で圏外にいるクライマーが集団から抜け出してステージ優勝をおさめることだ。その選手は大きな注目を集めるだろうし、栄誉ある勝ち星になる。一方、私たちは大きく安堵することになる。他の選手が脚光を浴びることになるからだ。

そのためには、峠の麓までレースをコントロールしなければならない。ランスに近い総合タイムの選手を逃げさせるわけにはいかない。逃げを最小限に抑えるために、スタートから我々のチームはハードに走り、誰も抜け出そうとしないように何キロも先頭を引いてハイペースで走った。単独や、あるいは二、三人の集団で逃げを試みた選手もいたが、我々の圧倒的で容赦ない追撃にはかなわず、釣り糸を巻き戻すかのように集団に吸収された。わがUSポスタルのブルーのジャージにかき消されるように。

ついにラルプデュエズが ぬっと姿を現した。ラルプデュエズの峠は、ただのカーブではない。山腹を跳ね上るようなヘアピンカーブの連続だ。カーブを曲がる度に過酷になる勾配が、山腹では少し和らぎ、爆発寸前の心臓を少し休ませられると思いきや、再び険しい上りになる。それが二一回続くのだ。

最初の上りにさしかかったとき、ランスの声が無線に入ってきた。

「ヨハン」

「なんだ」

「こんな道、三輪車でも楽勝だぜ」

「わかってるさ」

無線機のボタンを親指で数回押し、私は確認した。「どうすればいいか、わかっているな」

エスカルティンが最初にアタックした。ランスは悠々と集団から抜け、エスカルティンの後ろにぴたりとつき、タイムを奪わせないようにした。フルスピードを出したいのを我慢しているのがわかった。次にツーレが飛び出す。ランスはツーレを追い、静かに後ろについた。ペースは上がり続ける。次々と選手が後退し、地上最強のクライマーの小集団が残り、山を上り続ける。彼らがこの世に存在するずっと前からそびえ立ち、これからも存在し続けるだろうラルプデュエズを。

この小集団を後ろから見ていた私は、ある選手のペースが乱れ始めているのに気づいた。ジャージの色から、オラーノだとわかった。はじめは他の選手とわずかな差を許すのみだった。数センチだった差が一五センチとなり、あっという間に六〇センチになる。オラーノはおしまいだ。

「オラーノが脱落した」私はランスに伝えた。

数キロも行かないうちに、再び選手が脱落し、ツーレとランスと、他の二、三名だけになった。残り五キロ地点、後方で動きがあった。細身の選手がサドルから腰を上げ、足をピストンのように動かしながら自転車を左右に揺らして、猛スピードで突撃してくる。ジョゼッペ・グエリーニが、アタックをかけたのだ。

グエリーニのことは知っていた。優れたクライマーで、総合成績はランスと一五分差だ。

「グエリーニが来た。勝たせるには最高の選手だ」私はランスに言った。

行け。勝つんだ。ラルプデュエズをものにしろ。私は心の中でグエリーニに言った。

ひと波乱を経て、グエリーニは勝利を手にした。頂上近くで、カメラを振り回しながら飛び出してきたファンを避けられず、落車したのだ。だがすぐに立ち上がり、自転車に飛び乗り、再びレースを続けた。ツールの混沌を示す典型的な例だ。落車後も、ランスのライバルは誰もグエリーニに追いつくことができなかった。ランスも追撃をかけず、ひたすら上り続け、五位につけた。それは真の意味での勝利だった。誰にもそう教えることはできなかったが。

もちろんまだプレッシャーから解放されたわけではなかった。私たちの八面六臂の活躍は、世界で大騒ぎを巻き起こしていたのだから。それでも戦略的には、少し肩の荷を下ろすことができた。数日間は、ライバルチームの選手や監督からのプレッシャーも、わずかだが和らぎ、その間、我々はできるだけ回復につとめた。集団の中にいた選手が小競り合いを始め、ダヴィド・エチャバリア、サルヴァトーレ・コメッソ、ディミトリ・コニシェフなどがステージ優勝を奪った。いずれも優れた選手だが、総合優勝に脅威となる存在ではない。

つかの間の休息のおかげで、我々のチームはレースの先頭に再び戻り、入り乱れる集団からランスを守り、落車に巻き込まれないよう遠く離れて、ライバルがかけてくるアタックに備えた。だが、結局アタックが来ることはなかった。エスカルティンは後半で果敢に逃げ切り、ピレネーの山岳ステージで優勝したが、ランスにはエスカルティンを追撃するのではなく、ツーレにつくように指示した。エスカルティンは終盤、第一九ステージのタイムトライアルで大幅にタイムを失い、総合優勝はないと判断したからだ。実際、ピレネーでのステージ優勝で、エスカルティンはランスに六分差まで迫ったが、予想通り、終盤には一〇分二六秒まで差が開いた。ツーレは七分三〇秒以上の差を縮めることはできなかった。

ランスの選手時代をずっと追い続けた人や、テレビでレースを分析してみせる専門家も、この一九九九年のラルプデュエズに関してコメントしているのを聞いたことがない。彼らには、ランスがただ集団の中にいたとしか見えなかったのだ。

けれども私にとって、この日はツール優勝を手にする大きな一歩となり、大切な教訓を学んだ日となった。誰にも知られずに勝利を手にすることもできるのだと。

癌との闘病生活からカムバックしたランスに、ツールで優勝できると確信させ、春にアルプスで単独トレーニングを行なう。突飛なアイディアだったが、功を奏した。

第八章　人材は十二分に揃えよ

どんなに偉大なアスリートや学者、政治家でも、
優れたチームというしっかりした基盤がなければ
最高峰には到達できない。

ランスと私は、冗談半分でよく言ったものだ。どのチームに負けるか、という心配はあまりない。しかし、我々のチームをやめていった選手たちには、要注意だと。

チームを離れた選手をすべてひとまとめにしてみると、そうそうたる顔ぶれが勢揃いする。現在、世界にあるどのプロチームにも勝る面々だ。ランスを迎えた一九九九年からチームが解散した二〇〇七年末まで、チームを離れた選手が優勝したレースを羅列すると――、ジロ・デ・イタリア、ブエルタ・ア・エスパーニャ、世界選手権、パリ～ルーベ、ヘント～ウェヴェルヘム、パリ～ニース、ツール・デ・フランドル（二回）、リエージュ～バストー

ニュ～リエージュ、ツール・ド・ロマンディ（三回）、ツール・ド・ルクセンブルグ、ドーフィネ・リベレ、オリンピックメダル（二回）、世界各国の国内選手権、ツアー・オブ・カリフォルニア、ツール・ド・ジョージア、三大グランツール（ツール・ド・フランス、ジロ・デ・イタリア、ブエルタ・ア・エスパーニャ）のリーダージャージと複数のステージ優勝。

やめた選手の素晴らしい成績がこのように増え続けることは、私たちの成功の証しだろう。「人材流出」ではなく、「人材氾濫」なのだ。まったく贅沢な悩みである。

チーム監督に就任した当初からわかっていた。チームをオールスター選手で固めなければ、ランスでさえ毎年勝ち続けることはできないだろうと。どんなに偉大なアスリートや学者や政治家でも、優れたチームというしっかりした基盤がなければ、最高峰には到達できない。

私は、我々のチームが培ってきた、勤勉な努力や戦略や、全身全霊での取り組みのもとでひと花咲かせられるだろう、と思った連中を見つけて、採用することを最優先事項としてきた。それが新人であろうと、一見峠を越したベテランであろうと。

まず当然、最高のライダーを採用したことはチームの強さにつながった。ジョージ・ヒンカピーやヴィアチェスラフ・エキモフ、ホセ・ルビエラらは、馬車馬のように走り、自分の勝利は二の次にして、自己犠牲を払うことをいとわなかった。精根尽き果ててチームメイトに交代してもらうまで、アタックを追撃して、何キロもハイペースでレースを引き、山岳ステージでペースを上げてライバルを潰した。

第二に、これは計算づくだが、トップライダーを入れれば、当然その選手を敵に回さないことになる。ジロ・デ・イタリアの勝者を味方につけてランスのアシストにした方が、敵に回してアタックをかけられるよりました。

第三に、ずっと遠い先の話かも知れないが、無視できない理由がある。それは、いつかランスなしで勝たなければならない日が来るということだ。ランスの前人未踏の走りに匹敵するような選手は存在しないが、代わりにチーム・リーダーとなる選手を探さなければならない。

チームの副監督を選ぶときは、才能を見出す力量を一つの基準にした。ベルギー出身で、パリ～ルーベの勝者ダーク・デモル副監督は、アルベルト・コンタドールという若者に注目するべきだと教えてくれた最初の人間だ。それは、コンタドールが二〇〇七年にツールで優勝するずっと前のことになる。もう一人の副監督、ショーン・イエーツは、切れ者で愉快なイギリス人で、一九八二～九六年の一四年間、プロ選手だった。ツールでステージ優勝を飾りマイヨ・ジョーヌを手にして、九〇年代初頭から中盤まで、ランスと同じモトローラ・チームに在籍した。「イエーツィ」というニックネームの彼は、自転車競技史上、最も優れた下りの名手であり、若手にとっても、いまだに尊敬と憧れの対象だ。また、成功する可能性が高い新人を見極める勘にも優れていた。そして二〇〇六年末、エキ――長年、チームで忠実に活躍したヴィアチェスラフ・エキモフ――をもう一人の副監督として採用した。

彼らはすべて、私が行けないレースで監督としてチームを率いる能力があった。だが、それだけの理由でこの三人を雇ったわけではない。私には、才能を発掘するたくさんの目が必要だったのだ。自分一人では絶対にできない。それを理解するためには、チーム監督の仕事がどんなものか、知らなければならない。

たとえるなら、チーム監督は巡業を続けるサーカスの団長のようなものだ。

一九九九～二〇〇七年末に引退するまで、私は年間平均二〇〇日間（一八〇日間以上）も家を留守にする生活を続けた。そのほとんどがレースやトレーニング合宿、あるいはその移動に費やされた。レースやトレーニングの計画、新しい選手の契約やスカウト、さらにそのシーズンに必要なエナジーバーやパワージェルの注文の承認まで、すべてを移動中に行なう。スペインのマドリッドにある自宅にも仕事用の部屋を設けているが、実質的な仕事部屋は車の運転席であり、飛行機の座席であり、携帯端末「ブラックベリー」のキーボードだった。

他のスタッフも同じように世界各地に散らばっていた。ベルギーのオフィスではチームの物資管理を扱うアシスタントが五名いて、チーム運営に必要なものをすべて注文し、受け取り、保管する。

たとえば、選手二八名とスタッフ四〇名のジャージ類、機材、食料、子供やファンへのシールや写真。また、ヨーロッパ各地で開催されるレースへの移動に使うトラックや車、バスもある。米国テキサス州オースティンには、チームのマネージメント（投資家、ランス、ランスの代理人のビル・ステープルトン、私）本部兼アメリカ国内レースの物資管理部もある。総勢七〇名以上がチームのために働いており、そのうち約六五名が私の直属だ。

また当然、これぐらいのビジネスに必要な、組織・企画ミーティングを定期的に開かなければならない。ところが私たち四名と、メカニックやソワニエ（マッサジャーや荷物運びなどを担うチームスタッフ）数名はレースの開催地にいなければならず、選手は三、四つの小チーム（五～一〇名の選手で構成）に分かれて別々のレースやイベントに参加しなければならないため、ミーティングの開催は困難を極めた。私の携帯電話は朝の六時から鳴りだし、その日最後の電話やメッセージ送信が終わるころには夜中の二時になっている。ある選手がクラッシュしたため、まったく別の国のレースに出場を予定していた選手を代わりに送り出す。チームバスのパンクでベルギーからスイスへの移動が一日遅れる。こんなスケジュールやペースが続く予測のつかない日々は、人間を消耗させるものだ。

そんな中でも、人材を見つけることの大切さを見失ったことはなかった。その基盤がなければ、すべてが台無しになるとわかっていたからだ。副監督は三人とも、いつも現場レベルで仕事をしてくれた。そして当時二三歳の、ツール・ド・スイスで山岳賞を手にしたウラジミール・グセフや、二二歳でツール・ド・ジョージア優勝を手にしたヤネス・ブライコヴィッチ（最高新人賞ジャージも獲得）などのスカウトに奔走した。

人材探しへの私の取り組みの深さと、それが本物であることを示すエピソードがある。
二〇〇三年のシーズンに向けて、私はマックス・ヴァンヘーズウィックをチームに入れようと考えていた。私がまだ現役選手だった一九九五年にプロに転向して、輝かしい将来を約束されたと思われたベテラン選手だ。だがなぜかそれ以来、マックスは実力を発揮できない、扱いにくい選手だという評価を得ていた。

その年、彼の契約交渉は決裂し、どのチームも契約を結ぼうとしていないことを聞いた。私はマックスを比較的安い契約金で獲得し、往年の輝きを取り戻させて、チームの貴重なメンバーとして活躍してもらおうと考えた。その実力は、彼の身体のどこかにまだ眠っている。我々のチームがそれを引き出すことができるはずだと。

しかし、問題が一つあった。チームの予算が底をついていたのだ。その年の契約交渉はすべて終了し、準備万端の状態で選手もそろっていた。私はチームの上層部と、会計士、オーナー、ランスを含む理事会のメンバーとミーティングを開いた。マックスがどのような選手なのか、今までの実績はどんなものか。私たちのリーダーシップのもと、必ずや彼は開花するだろう、と力説した。

「これはまたとないチャンスだ。マックスのことはよく知っているし、優れた選手だということは私が保証する。それに今年の彼の契約金はかなり安上がりだ」

彼に払う金はない、と理事会は答えた。

「この選手が必要なんだ」しつこく食い下がった。

だめだ、と理事会は繰り返す。

衝動的に私は言った。「じゃあ私の給料から引けばいい」

「何を言うんだ！」ランスが言った。

「私の給料からその分引いて、彼をチームに入れてくれ」

あっけにとられたような沈黙が流れた。


私はいつも、人にも自分にもこう言い聞かせていた。金もうけのために仕事をしているのではないと。もちろんそれなりの給料はほしいが、それが一番のモチベーションではなかった。給料は歓迎すべき「おまけ」とでも言った方がいいかも知れない。プロサイクリング界で成功をおさめて、家族の将来を支え、世界を股にかけ、美しい街に立派な家を構えられたことには感謝している。だがいつも言っているように、私は勝つこと自体が好きなのだ。その気持ちが、金や生活保障、健康保険や年金、そういったことよりも優先する。この日の決断はまさにその証拠だった。私の給料から引いてでも、チームの勝利につながる選手を雇えと頑固に言い張ったとき、この上なくいい気分になったものだ。

あらかじめ妻にも話しておけば、さらに申し分なかったのだが。

結局、私の年俸の一〇パーセントをマックスの給料に当てることになった。わずか一年後、マックスは一〇回以上の優勝をおさめ、三つ別々のステージレースでリーダージャージを獲得し、選手生活で最高のシーズンを送った。想像していたよりもはるかに優れたパフォーマンスであり、癌を克服した例のテキサス男を復活劇の王座から下ろすのは難しいだろうが、私が経験した復活劇の中でも二番目に素晴らしいものだった。

誰もマックスに興味を示さなかったときに、自腹を切ってチャンスに賭けて、そのキャリアの再生に成功した。その見返りとして私が何を得たか。彼は他のチームからもオファーを受け始め、それを利用して我々のチームとの契約金を上げようと交渉してきたのだ。

プロサイクリングというビジネスでは、忠誠心は「必需品」ではなく、「贅沢品」なのだ。それが理解できるぐらい、私は年を重ねているし、経験も積んでいる。それでも瞬時に手のひらを返したような仕打ちに、傷つかなかったと言えば嘘になる。

ランスはいまだに、私は自分の金を使うべきでなかった、ああなることがなぜわからなかったのか、と言う。私に言えるのは、今あのときに戻れたとしても、あの契約を取りやめにはしないということだ。まず、勝てるためには多少ばかげたことでもする、と仲間に思わせるのも悪くない。それに、私の選択は正しかったのだ。マックスのおかげで、私たちはより優れたチームになったのだから。この決断と、自腹を切ってでも自分の信念を通そうとした事実は、その後数年間、私に新たな存在感と権威を与えてくれた。それは選手や自転車のデザインやジャージの色など、チームに何が必要かということを決めるときに役立ったのだ。

実の所、自分の給料を使って選手のキャリア再生を手助けしたことはさておき、選手がチームを離れること自体はそう驚くようなことではない。選手を見出し、スカウトして、トップレベルにまで育てることにあまりにも私たちが長けていたので、他のチームは私たちをトップ選手養成チームだと見なしていたようだ。

我々のアグレッシブなプログラムを考えると、それも仕方のないことだろう。また、多くを学んで開花できるような優れた環境づくりのおかげで、選手はチーム・リーダーになれるレベルにまで到達した。だからチャンスがあれば逃したくなかったのだ。それはごく自然なことで、セールスマンが自分で会社を興したり、親から教えを受けた子供が独り立ちしたりするのに似ている。

我々のチームは、トップレベルの選手になるためのとっかかりを選手に与えて、そのノウハウを徹底的に教えこんだ。最初の合宿の初日から、すべての選手にスケジュールが配られる。それには、参加予定レースに合わせたトレーニングプログラムがまとめてある。どのレースでチーム・リーダーになるチャンスがあるのか、あるいは大切なアシストとして参加するのかがわかるようになっている。選手の食生活や睡眠時間や自由時間などには制限を設けなかったが、プロとしての自覚を持って行動するようにはっきりと伝えた。

他のチームでは、そこまでの緻密さや情熱を持って取り組んでおらず、古いタイプの方法だった。たとえば、チーム監督がその週ごとに気分でトレーニングスケジュールを決めたり、過去のレース歴に基づいて参加するレースを決めたりする。あるいは、一緒にレースをしたいと希望する選手同士を組み合わせる。フランスで開催されるレースには、母国の誇りのためにフランス人選手を全員参加させる。スプリンターやクライマーなどのバランスはまったく無関係に。

私たちはまるで「チーム・リーダー製造工場」のようだった。そして毎年、「製品」がどんどん売られていった。

もちろん私も、やめていった選手たちにも、不満がなかったわけではない。何人かはわざわざ文句や不満を言って、その勢いでやめようとした感があった。チームの規律や、勤勉さ、明確な階級制、長期的なスケジュール作成など、彼らをサイクリストとして成長させた要素が、あまりにも厳しく管理過剰だと。他のチームに移って批判を述べた選手もいた。最高の機材を平等に分けず、トップライダーにしか与えなかったとか、あるいは、ツールにアシストとして出場するようにとはっきりと伝えたにもかかわらず不満を言われた。それは、次のステージでランスにサポートが必要だと考えたときに、彼らには体力を温存するようにと命じたせいだ。「自分はその日、ステージ優勝もできたはずなのに」というわけだ。

そういった批判を受けたからといって怒ったことはない。まず、たとえある選手が個人的に犠牲を払うことになっても、私は常にチーム全体の強さを第一に考え、すべての決定を下してきたからだ。さらに、他の仕事や、あるいはチーム・リーダーとしてのチャンスが与えられたとしても、私のチームをやめるのはそう簡単なことではないはずだと考えていた。我々は最高の成功をおさめた、プロとしてトップレベルの、最も名高いチームだったからだ。選手およびスタッフは、賞を取ると年間何万ドル、ときには何一〇万ドルというボーナスを手にした。だから、このような批判をするのはおそらく逃げ出すためにやむを得なかったのだ。心のどこかでは、我々のチームが彼らの成長を助けたことに感謝していたはずだ。もちろん、すべてうまくいったときに最高の気分だったのは、言うまでもない。

二〇〇〇年に契約を交わすまで、レースのビデオや写真以外でリーヴァイ・ライプハイマーを見かけたことはなかった。リーヴァイは活動をアメリカ国内に限定していたので、出会う機会がなかったのだ。

スカウト報告のデータには目を引くものがあった。リーヴァイは二六歳で、一九九九年の全米タイムトライアル・チャンピオンだったが、身体的にも、サイクリングのスキルや知識に関しても、これからという選手だった。データからは、私と同じく、プロとしての「エンジン」は持っているが、ランスや他のチャンピオンのような桁外れの数字ではないように思えた。正式にチームに入る前に電話で何度か話したときは、もの静かなインテリ風で、非常に礼儀正しく、好奇心旺盛な選手だという印象を受けた。私はその年、初めてランスをツール優勝に導いたばかりだったが、それでも私と自転車競技に対する、畏怖《いふ》というより尊敬の念を抱いていることが感じられた。私に質問するときの真剣な態度や、それに答える私に反問しなかったことが、そういう印象を受けたのかも知れない。

二〇〇〇年の春、カリフォルニア州のサンルイス・オビスポ市の近く、アビラビーチという町で行なったトレーニング合宿にリーヴァイが初参加した。リーヴァイは細身で、トップ選手によく見られる痩せ方ではなく、まるで一〇代の若者のように痩せすぎていた。こちらにやってきて手を差し出し、「リーヴァイです」と自己紹介をした彼は、薄茶色の髪をした、癖のない感じのいい若者だった。なぜだかわからないが、私はすぐに好感を持った。

リーヴァイは予想以上に強力な選手だったが、おそらく自分自身が期待していたほどではなかったようだ。

彼には主にアメリカ国内のレースだけに参加させた。まずはレース経験を積ませたかったからだ。ヨーロッパにすぐに連れて行っても、作戦を試すこともできず集団にただ引きずられて苦しむだけだろう。リーヴァイは天性の流線のような乗り方をする選手で、タイムトライアルに適していた。その後、筋力をつけていくと、体重は大きく増えることなく、痩せぎた印象だけが消えた。パワーウエイト・レシオが向上し、トレーニングでは、上りで先頭の方につけるようになった。

リーヴァイには、他にも頼もしい点があった。それは、アドバイスを訊くことを恐れな

かったことだ。自分が走る予定のコースを誰かが走ったことがあると知れば、道の様子について
いてや、どこで逃げが起きたか質問し、他の選手の食事を見れば、なぜそれを食べるのか理由をたずねて、作り方を訊いた。私にはケイデンスや、ペダリングのスタイル、レースのいろいろな戦略について質問攻めに遭った。ランスにもあらゆることを訊いていた。そして初めて彼と電話で話したときに感じた、物静かでやわらかな控えめな調子で答えを受け止めるのだった。

はじめのシーズンが終わろうとしていたある日、リーヴァイがやってきた。

「質問があるんですが」

「なんだ」と私は答え、微笑んだ。何を訊いてくるかわかったからだ。ほとんどの選手がいつかは同じ質問をしてくる。

「来年のツール・ド・フランスの出場メンバーに入るには、何をすればいいですか」

質問はいつも同じだが、相手の選手によって答えは違う。励ましながら、正直かつ現実的に答える。私はリーヴァイの肩に手を置いて答えた。「今のチームのままでだと、来年は無理だ。チームの構成からしても君を入れる場所がない。君にはもっと経験が必要だし、ツールに出るのは逆効果だ。ブエルタ・ア・エスパーニャの方がいいだろう」

このときは元気づけるというよりは、直感的に、正直に言った。リーヴァイの目を見たが、ためらっている様子は見られなかった。彼は「ありがとうございます」とうなずいた。心か

らそう思っていることが見て取れた。

私は約束通り、翌年のブエルタ・ア・エスパーニャにリーヴァイを出場させた。チーム・リーダーは二〇〇〇年のブエルタ優勝者、ロベルト・エラスだ。リーヴァイには彼のアシストをするように言った。責任は重大だ。エラスはヒルクライマーで、タイムトライアルには不向きな選手だった。序盤のタイムトライアルの三ステージで、リーヴァイは総合成績でエラスを上回った。ステージが終わるとリーヴァイは再び忠実なアシストに戻り、山岳でエラスを全力でサポートした。自分を完全に犠牲にして。

レースの二〇日間が過ぎ、あと一ステージを残したところで、エラスは三位につけた。総合首位のオスカル・セビージャとは二分二〇秒差だ。リーヴァイは五位で、三分五五秒差だ。エラスのためにアシストに徹してエネルギーを消耗したことを考えると、素晴らしい結果だ。リーヴァイはめざましい走りを見せてくれたが、祝杯はあげられそうになかった。最後のステージはまたタイムトライアルで、エラスがタイムを奪われることは必至だ。リーヴァイはいい線まで行くかも知れないが、三位に入賞できるまでのタイムは稼げないだろう。ところが最後の四五キロのコースで、リーヴァイは平均時速四八キロで走り、総合三位に躍り出た。

私は驚き、誇りに思い、そして嬉しかった。同時に、悲しくもあった。彼がチームを去る日が来たことがわかったからだ。他のチームが高い給料で彼をスカウトするだろう。給料なら同じ額をうちのチームも出せるが、与えられないものが二つあった。チーム・リーダーとしてのポジションと、ツールで表彰台に上るチャンスだ。ランスが落車するか、七月に参加できない何らかの事情が発生しない限り、少なくとも向こう五年間、リーヴァイがマイヨ・ジョーヌを着ることはないだろう。

二〇〇二年、リーヴァイがチーム・ラボバンクに移籍する前、私たちはそのことを確認した。

「幸運を祈るよ。ただし、うちと対戦するときは別だ」私は言った。

「チーム・リーダーになりたくて、決断したんです」

「君の決断は正しいよ」私は心からそういった。「でもいつかは戻ってきてほしい」

「リーダーとしてなら」リーヴァイは言った。

私たちは握手して、初めて会ったときと同じように、気持ちよく別れた。

リーヴァイはその後の四年間、ツールで三度、一〇位以内につけた（二〇〇三年は落車）。レースで顔を合わせると、彼はいつも愉快で、感じがよく、最初に会ったときと同様、敬意を持って接してくれた。二〇〇五年のツール・ド・ジョージアでトム・ダニエルソンが最後の八〇〇メートルでリーヴァイを抜かしたときは、「おめでとうございます。すっかりやられましたよ」と声をかけてくれた。その後、彼はまた別のチームに移籍して、二〇〇六年のドーフィネ・リベレで優勝した。二〇〇三年のランスの優勝以来、初のアメリカ人チャンピオンだ。二〇〇六年のツールでは、タイムトライアルも最初の山岳ステージの日もうまくいかず、総合成績で彼としては最悪の一三位に終わった。

だが私の目には、彼は以前と同じ、努力を惜しまないプロ中のプロであり、真のライダーだということに変わりはなかった。以前より力を伸ばしたということ以外は。ランスは前年に引退し、私は新しいチーム・リーダーを必要としていた。

私はリーヴァイに電話し、単刀直入に訊いた。「二〇〇七年のツールで表彰台《ボディウム》に立ってみないか」

そして彼は戻ってきた。今度は私も自腹を切る必要はなかった。

第九章　技術より感性を信じよ

技術が勝利を助けることもある。
チームバスや堅実なスカウトプログラム、
士気を高めるミッション・ステートメントもそうだ。
だが、どれも勝利自体を与えてはくれない。
実際に行動するのは、人間なのだ。

自転車競技界にあまり詳しくないファンにとっては、一万ドルもの金額をホイールにつぎ込むことなど、ばかばかしく思えるかも知れない。三二〇〇キロを超える距離を一カ月間、八〇時間以上ペダルを踏み続ける。そのレース全体で、それはわずか八秒の節約にしかならない。まったくふざけた数字であり、投資利益率も惨めなものだ。

だがライバルを打ち負かすためにチャンピオンが望むのは、それぐらい微細にわたった技術なのだ。ホイールにかけた金で八秒、新しいスキンスーツで三秒、ウォーター・ボトルで一秒、シューズで一〇秒。全部合わせれば、無視できない数字になる。

二〇〇三年のツール・ド・フランスで、ランスと私は実際にこのことを痛感した。計八三時間のレースのあと、表彰台に上ったランスとヤン・ウルリッヒのタイム差は、たったの六一秒。どう考えても、あまりにも近すぎる数字だ。

簡単に言えば、この六一秒という数字は、それまでで最短のリードだった。一九九九年のランスのリードは七分三七秒、二〇〇〇年は六分二秒、二〇〇一年は六分四四秒、二〇〇二年は七分ジャストだった。

シャンゼリゼの表彰台で花束と祝福のキスを受けるまで、ツールの優勝は決して確実なものではない。落車事故や機材の故障、インフルエンザなど、最後の最後まで何が起きるかわからないからだ。連勝が難しい理由は、まさにそこにある。

しかし二〇〇二年までのように、終盤で六分前後のリードがあれば、パンクや小さな事故があってもマイヨ・ジョーヌは確実であることを意味していた。過酷で予測のつかない山岳ステージとタイムトライアルはすでに終わっており、終盤の平坦ステージでタイムを奪い返されることは、ほとんどないからだ。

一方、六一秒のリードしかない場合は、まったく別の話だ。畑からネコが飛び出して集団がめちゃめちゃにばらけて（実際にあったエピソード）、ランスが落車すれば、一分のリードなどすぐに失われる。あるいは起伏の激しい道のはじめに、タイミング悪くシフトやブレーキケーブルがはずれるなどの機材トラブルが起きたところに、猛烈なアタックをかけられればおしまいだ。写真を撮ろうとした観客が道に飛び出し、落車することだってあり得る。

二〇〇三年のツールのゴールで、まだ汗も乾ききらず勝利の笑顔が消えないうちに、ランスは「危ないところだったな」と言った。

「こんな危ういレースは、もうまっぴらだ」私は答えた。

もっともある意味で、このぎりぎりのタイム差は、その年に起きた最良の出来事だったのだ。ランスはこの時点で五勝しており、ミゲル・インデュライン、ベルナール・イノー、エディ・メルクス、ジャック・アンクティルの記録と肩を並べた。六連覇を目指さなければならないことは明らかで、長い間守られてきた神聖な記録を破るためのプレッシャーがあった。ツールが初めて開催された一九〇三年から、六勝した選手は他にいない。ファンは六勝を目指した選手に降りかかった「呪い」について噂した。

自称「専門家」は、五連覇が人間の身体にきたすダメージを唱え、生物学的に六勝は無理だと主張した。「歴史家」は、どんな選手でも六年もの間、ひどい落車や病を避けて通ることはできず、六年目には運も尽き果てるだろうと決めつけた。

六一秒という数字は、翌年への道を示してくれた。記録づくりや歴史や、運や呪いなどはすべて無視する。あらためて、ただ純粋に勝利に向けて走るのだ。もう一度、世界最大で最高峰の、このとてつもないレースに君臨したかった。それだけが私たちにとって勝利を意味することだったから。

私たちはすぐに、二〇〇四年のツールに向けて、練習をさらにハードにすることに決めた。今年のコースが発表になったら、ただちに主要ステージを見極めて、そのコースで容赦ないトレーニングを重ねる。チームの他の選手をコースに連れていく回数を増やして練習させる。一つひとつの石や道のセンターラインが夢に出てくるまで、コースを徹底的に把握する。ランスはトレーニングと食事制限にそれまで以上に注力することを誓った。彼はいつでも、とことん微細に入った準備をしていたが、今やそれを正気の沙汰とは思えないレベルにまで持っていこうとしていた。彼の計画したワークアウトやスケジュールは、それまでのどんなプロ選手が行なったものより過酷だった。

しかし、一つだけ弱点があった。それは機材だ。

二〇〇三年のツールでは、マスコミや選手たちがウルリッヒのタイムトライアル用自転車について騒いでいた。噂によると、世界一速い自転車だという。風洞テストで空気力学的に、他のどの自転車より優れていたのだと。それがただの噂なのかわからなかった。だが、もし本当ならば、それが第一二ステージのタイムトライアルの敗因にどれぐらい影響したのだろうか（ランスは脱水症状に陥り、ウルリッヒに一分三六秒リードを譲った）。

この騒ぎのおかげで、私たちは機材へのアプローチを再考することになり、結果的に意外な結論を出すことになる。

ランスは常に最高の機材が必要だと主張していた。理想的な走りを可能にする高剛性・高スピードの自転車。足に合わせた特注品のシューズ。ヘルメットの端は快適さを重視したカットが施されている。ショーツやジャージ、スキンスーツも、さらに快適さをねらってシームが調整された。パフォーマンスを最大限にするために、靴下からサングラス、グローブからウォーター・ボトルまで、隅々まで徹底的に分析してつくりあげたものばかりを揃えた。だが、このアプローチには弱点が一つあった。それは、個々の機材は確かに念入りに調べて特注したが、すべてばらばらに行なったという点だ。つまり全部が組み合わさったときに、どう機能するかは調べなかったのだ。

過去にも、機材同士がしっくり合わないことはあったが、その都度対処してきた。たとえばある年には、ジロ社のヘルメットとオークリー社のサングラスがどうもしっくり合わなかったことがある。サングラスのフレーム上部がたまにヘルメットにぶつかる。ヘルメットのストラップのせいで、サングラスの柄の座り具合が今ひとつだ。

そんなことは、ごく些細な問題だと思われるかも知れない。しかしこのように、異常なほど詳細にわたって注意を払ったからこそ、地上で最も狂騒的な、計り知れないレースでの七連勝という、人間には不可能だと思われた功績をランスは達成したのだ。レース用靴下の厚さにこだわったときも、一九〇キロのステージの最後の上りで、どのヘアピンカーブがアタックに最適かを考えたときも、私たちは常に全力ですべての要素を調べつくした。

当初は予算面の制限があったが、連勝を重ねるに従って予算は増え、さまざまな自転車をテストし、プロトタイプをつくってもらうこともできた。世界のトップライダーは皆同じようなアプローチを取る。ウルリッヒのタイムトライアル用自転車はその一例だ。だが靴下からフレームまですべての機材を一緒にまとめて考えたチームはない。この新しいアプローチは、大きな武器になるかも知れない。

「こうしたらどうだろう。機材のスポンサー全社に協力して、まとめて設計してもらうのは」ランスに訊いた。

「チーム体制ということか」ランスは言った。

「厳しいかも知れないな」私は考えた。スポンサー各社が競合関係にある分野もある。協力して知識や人材を共有すれば、企業秘密を明かすことになりかねないと、尻込みされるかも知れない。

「ヨハン。厳しさは僕たちのモットーじゃないか」ランスが言った。

こうして、ツールが終わって二週間も経たないうちに、トレック、ジロ、ナイキ、オークリー社にそれぞれ計画を伝えた。計画と言うよりは、こうすることに決めたので参加してほしい、という決定だ。九月には、サンフランシスコにある、チームオーナーのトム・ウィーゼルのオフィスで会議が開かれた。

この計画には、空気力学《エアロダイナミクス》の権威、スティーブ・ヘッドなどのほか、さまざまな専門家に参加を依頼し、各社からもサポートを得た。

たとえば、ジロ社はヘッドデザイナーにヘルメットのデザインを担当させたが、さらに一二名のスタッフがサポートした。ナイキも同様だった。プロサイクリング界での初の試みを記念して、この計画は「F1」と名づけられた。フォーミュラワンのレーシングチームすべてに与えられた何百万ドルという開発イニシアティブから取ったものだ。

「いい名前だ」スピード狂のランスは言った。


F1チームは、まずアメリカのワシントン大学でランスの自転車の風洞テストを行なった。他にもプロ仕様のタイムトライアル用自転車を多数入手して、テストした。噂のウルリッヒのワルサー製自転車も含めて。ジロ社はヘルメットを一〇個、ナイキはいろいろなタイプのスキンスーツを提供してくれた。エアロダイナミクス性に優れた極薄のスキンスーツで、ゴルフボールにあるようなへこみなど、空気抵抗を抑える仕様が施されていた。

ランスのトレーニングのじゃまをしたくなかったため、機材のテストには代役を使った。代役はバンクーバー出身のジョン・リザーランドという、身長などのサイズがほぼランスと同じ、四一歳のトライアスロン選手だ。ハンドルバーに前屈みになるとき、背中が少しコブ状に盛り上がるところまで同じだった。彼はランスの七連勝の影の立役者の一人だ。リザーランドは何時間もありとあらゆるハンドルバーを握り自転車に乗った。風洞の巨大な扇風機が吹きつける、風速五六キロの風を顔に受けて。

結局、ウルリッヒの自転車は、ランスのものよりエアロダイナミクス性に優れていることがわかった。専門家たちはデータを計算し、コンピュータプログラムを実行し、ミリメートル単位の調整を行ない、ヘルメットの位置を変えた。代役のリザーランドは、私たちの注文に応じて手首を伸ばし、あるいは曲げ、肩を前に動かし、自転車の上で低く前屈し、腕を前に伸ばすなど、ありとあらゆる姿勢を取った。

一二月には新しい自転車が完成し、ランス自身に来てもらう準備が整った。新しい自転車はウルリッヒの自転車のようにボトムブラケットの幅が狭かった。ボトムブラケットはフレームにクランク（ペダルを支える部分）を取り付ける部分だ。このデザインでは両足が近づくようになっており、空気力学的に大きな効果を生み出す。また、ハンドポジションの水平度もやや高かった。強風でも空気抵抗がゼロに近いタイムトライアル用のヘルメットも完成した。スキンスーツは、今まで誰も見たことがないほどの数字を記録した代物だった。

「この数字を見てください」やってきたランスに、スティーブ・ヘッドが言った。空気抵抗はきわめて低い数字を示していた。その数字が低ければ低いほど、スピードは速くなる。エアロスポーツ・リサーチのレン・ブラウンリーなどの専門家は、今まで見た中で最高のデータだと言い、これは世界で最も速い自転車だという意見もあった。

ランスは風洞に入り、屈んでシューズをはき始めた。教会にいるときのような、おごそかな沈黙が流れた。ランスは足を上げて、自転車にまたがり、ペダルを踏み、肩をほぐし、いつもの姿勢を取る。超大型の扇風機が轟音を立てて回り始め、それ以外は何も聞こえなくなった。

ランスの前の床には、コントロール室のコンピュータが記録する仕事率、心拍数、空気抵抗などの主要データがプロジェクターで瞬時に映し出される。確かにデータは、いつものランスの自転車よりも速いことを示していた。ランスがまたがっているのは、まさに世界最速の自転車なのだ。

Ｆ１チームにかかった費用が一体いくらだったのか、誰にもわからなかった。スタッフ全員の給料、開発費、材料費、交通費、その他の関連費をすべて総計するのは不可能だ。参加各社と専門家、私たちチームの時間と投資を含めた全コストを合わせると、おそらく一〇〇万ドルは下らないだろうというのが大方の意見だった。

自転車自体が一〇〇万ドルだというわけではないが、この自転車と、このポジションと、さまざまな機材を生み出すのに、それだけかかったということだ。

「いいバイク《自転車》だ」ランスは続けた。「だけど……」

沈黙が流れた。

「出力が何かおかしい」

どんな名車でも、地上で最も速い男が乗らなければ意味がない。私はランスのペダリングを見つめた。何百万回も見てきたリズムだ。何度も何度も回り続ける足。その動きがいつもとわずかに違う。それとも気のせいだろうか。私たちは風洞から自転車を取り出した。

いくら最高速でも、路面に触れなければ意味がない。

二〇〇四年二月、ランスはこの自転車に乗りポルトガルのツアー・オブ・アルガルヴェのタイムトライアルで優勝したが、ゴール後にこう言った。「もっと完璧に叩き潰せたはずだ。パワーが落ちるのを感じたんだ。何かがおかしい」

気のせいだと思っていたが、やはり現実だったのだ。ごくわずかだが、ランスの走りにはスムーズさが欠けていた。ごく微々たる違いだったが。

三月、スペインで開催されたツアー・オブ・ムルシアに、再度この自転車で参加した。ランスはタイムトライアルで五位に終わった。「腰のあたりが痛いんだ。次のレースでは前の自転車でやってみようと思う」

そして四月、ツール・ド・ジョージアでは、以前の自転車のハンドルバーとポジションを新しくして参加した。ランスはタイムトライアルに優勝して、いきいきと興奮した表情で言った。「これだよ。最高の乗り心地だ」

ランスが何を言おうとしているのか、わかった。一〇〇万ドルの自転車にはもう乗らないと言うことだ。

F1チームでは奇想天外なアイディアもいろいろと試してきた。前年のように暑くてじめじめした天候に備えた、核心温度（身体の中心部分の温度）を低く保つ「アイスベスト」。核心温度を下げる冷却剤を内蔵した、温度センサーつきのヘルメット。理論的には、体温が低く保てるので、よりハードな走りが可能になる。さらに、消火ホースのように汗を外に放出する、通気性に優れたワンピースタイプのスキンスーツ。超軽量シューズや、その他のさまざまな奇抜な機材。どんなに変わったアイディアでも、法規に触れない限り一考の余地ありとした。トップレベルの選手は高地トレーニングのため低酸素テントを使用するように、移動用のバスを空気密閉型にして、疑似高地トレーニングに使おうという案まで出た。ウォーター・ボトルを使わなくてもいいように、タイムトライアル用の自転車のチューブに内袋を入れるという案もあった。

だが一〇〇万ドルの自転車は、そこまで突飛なアイディアではない。走り書きの原案の域を超えない幻想や、マッド・サイエンティストの発明ではないのだ。その自転車は現実に目の前に存在して、少なくともコンピュータがはじき出す客観的なデータは、以前のものを上回っている。

それを私たちは捨てて、以前の自転車に戻ろうとしていた。

私はＦ１チームに参加したトレック社や他のメーカーに連絡しようと電話を手に取った。今までの仕事やコスト、時間や人材・知識の投資、ひいてはサイクリング界に素晴らしい革新をもたらしてくれたことには本当に感謝している。けれど私たちはランスがどう感じるかを基盤にして決定しなければならない。私たちの決定は正しいはずだ。だが、それを皆に電話して伝えるのはなまやさしいことではなかった。

私たちは頭脳を駆使して、それまで誰もやらなかったレベルまで技術を研究しつくした。しかし、私は自分の心の声に従うことにした。それまでいつもそうしてきたように。

最初の電話をかける前、私は長い間そこに座り、心や信念や勘ということについてじっくりと考えた。

一九九八年のツール・ド・フランスのときだった。私は落車事故に巻き込まれて肋骨を二本折り、レースをリタイアした。私は三四歳で、その前年に、やはり落車で骨盤を折っていた。レースを続けたかったが、身体がもういやだと言っていた。

——一〇〇万ドルの自転車を捨てる理由を考えながら、そういえば一九九八年に引退を決めたときも、その決定が同じように自明の理だったことを思い出した。チーム監督の所に行き、「引退します。もう走れません」と言ったのだ。契約はその年いっぱいまであったから、そのまま何とか続けて給料にしがみつくこともできた。だが、私の心の声は「ノー」と言っていた。

当時の私は貧しかったわけではないが、引退するのに十分な金があったわけでもない。それまで金の心配がないほど稼いだことはなかった。ランスのレベルは言うまでもなく、ジョージ・ヒンカピーやリーヴァイ・ライプハイマーのレベルにも達したことはない。プロサイクリング界での私は、いわば「労働者」であり、やめてからも労働し続けなければならなかった。けれども、そんなことは関係なかった。私は契約をあとにして、一日でプロサイクリストから無職の男になった。

ところが結局、この衝動的な行動のおかげでランスのチーム監督になる機会を得たのだ。契約が与えてくれる経済的な保証を棒に振る。勘に従ったその行動が、私の人生を一変させて、夢をかなえるチャンスを与えてくれたのではないか。そして、いつでも引退できるような経済的余裕や、ランス・アームストロングという友を。

私は電話を手に取り、最初の電話番号を押した。

二〇〇四年のツールで、ランスはいつもの自転車に乗り、二つのタイムトライアルの両方で記録的な優勝を飾った。それだけでなく、山岳ステージでステージ優勝して、総合成績ではアンドレアス・クローデンを六分一九秒引き離し、ウルリッヒとは約九分の差をつけた。チーム・タイムトライアルでも勝利をおさめた。

F1チームがつぎ込んだ一〇〇万ドルは素晴らしい投資だった。まず、F1チームの存在自体に大きな意味があった。ライバルチームはすべて、私たちが何かとんでもないものを開発しているらしいと怖れていた。風洞テストで前代未聞のデータをはじき出したという情報をリークしたからだ。実はランスがそれには乗らないと言うことは、絶対に漏らさなかった。ライバルたちは、ランスの新しい自転車に怖れを抱き、自分たちの機材に対する自信を失った。ウルリッヒは「ランスは世界で最高速の自転車を手にした」とマスコミに語った。

F1チームのもう一つの功績は、以前の自転車でも圧倒的な力が出せるとランスが確信したことだ。古い自転車の方が速い、という事実は、彼の精神的ボルテージを大きく上げた。技術的には最先端までいったが、結局、最高の解決策をとったのだと。

新しい自転車は、まったく無駄になったわけではなかった。エキ（ヴィアチェスラフ・エキモフ）が乗り、オリンピックのタイムトライアルで銀メダルを手にしたからだ。

私にとって、一〇〇万ドルの価値とは何だったのか。

それは、勝利の神髄は自分の心に従うことにある、という真理を確認したことにある。技術が勝利を助けることもある。チームバスや堅実なスカウトプログラム、士気を高めるミッション・ステートメントもそうだ。だが、どれも勝利自体を与えてはくれない。一〇〇万ドルで自転車には乗れない。一〇〇万のデータがそろっていてもだめだ。レースは風洞で行なわれるのではないのだから。

実際に行動するのは、人間なのだ。その目的がツール・ド・フランスで優勝することであれ、レストランを開店するのであれ、リトルリーグのユニフォームのスポンサー探しであれ、それは変わらない。そして、金や技術、あるいはマネージャーなど、まわりが大事だと騒ぎ立てるようなもの——そういったすべての邪念を無視できる人間こそが、勝利を手につかめるのだ。

我々のチームを抜けて他チームのエースとなった後、戻ってきたリーヴァイ・ライプハイマー。2007年のツアー・オブ・カリフォルニアで優勝。ツールでは自己最高記録の第3位を手にする。

第2部

敗北から学んだこと

第一〇章　失うことで得られる

失うことを受け止めるだけでなく、感謝して味わうことだ。
そうして、勝利から学んだのと同じように、失うことから学ぶことだ。

二〇〇五年四月、ランスはその年のツールを最後に、勝ち負けにかかわらず引退すると発表したが、私は別段、動揺しなかった。その年の少し前に、七月のツールのあとに引退を考えているとランスが直接教えてくれたときも驚かなかった。

実は、彼がツール出場を決めたことの方にかえって衝撃を受けていたのだ。

一九九九年、ツールで初めて優勝したときから、ランスと私にはあるしきたりがあった。それは、ツールのあと数週間内にミーティングを行ない、翌年のツールについて戦略を練ることだ。冬のオフシーズンを待たずに、弱点は何か、どこを改善するべきか、どんな新しい試みをすべきか話しあった。他のチームの先を制する、優れた有益な方法だった。さらに象徴的な意味合いもあって、あえてこの大切な「儀式」を行なった。それは、私たちの成功の土台が、ライバルを負かすために早くから行動を起こし、努力を怠らず、脇目をふらず勝利に命を懸けることにあるという点を再確認するためだった。

だが二〇〇四年にランスとこのミーティングをしたときにはまだ、戦略やトレーニング、チームメイトやライバル、あるいは未発表の翌年のコース予想について話し合う段階にすら至っていなかった。

まずは二〇〇五年のツールに、ランスが出るかどうかを決めようとしていたのだ。公にはしなかったが、私たちはずっと七連覇が「マジックナンバー」だと決めていたところがある。二〇〇三年、まだ五連覇を打ち立てる以前のこと、スペインのツアー・オブ・ムルシアの期間中に、ランスが泊まっていたホテルの部屋でミーティングを開いた。それはそのシーズンの一度目か二度目のレースで、その年の戦略を話し合っていたのだ。ふとランスのノートパソコンのスクリーンセーバーを見ると、黄色のフォントで「COURAGE（勇気）」と映し出されているのが目に入った。

もう一度見てみると、何かがおかしかった。「COU**2**・AGE」となっている。

今度は本当によく目をこらしてみると、スクリーンセーバーには全部で七つの単語があった。すべて黄色の文字で、次のように並んでいる。

1・OPE（希望）
COU2・AGE（勇気）
PERS3・VERANCE（根気）
WIS4・OM（知恵）
INTE5・RITY（高潔）
DE6・TINY（宿命）
MAG7・C（奇跡）

七連覇する三年も前、世間やプロロードレース界のほとんどが五連覇でもとんでもない快挙だと考えていたときに、ナイキの誰かがランスのためにつくったものだった。

七連覇という「マジックナンバー」は、いつも頭から離れなかった。ところが二〇〇四年、六連覇のあと、私たちは意外にも気が抜けたようになってしまった。ランスも私も、記録を打ち立てることを目的とするタイプのアスリートではなかった。レースをするのは、あくまでも勝つためであり、記録づくりのためではない。単純に、私たちは勝つことが好きなのだ。

しかし、ランスが七月に連続六回目の表彰台に立ったとき、初めて気づいた。インデュラインや、イノーや、メルクスやアンクティルという素晴らしいチャンピオンを超えたこの素晴らしい記録が、予想をはるかに超えた重みを持っていたことを。意識していようがいまいが、ある意味で私たちは、前人未踏の六連覇に向かって今まで突っ走ってきたことを。その目的を果たし、ランスが有数のチャンピオンを超えたとき、それまで口にすることのなかったそのモチベーションは消えてしまった。今度のツールに参加する目的とは、一体、何だろうか。

ランスには、もはや勝たなければならない理由がなかった。過去の勝利やスポンサー契約、長年の巧みな投資や株式売買のおかげで、十分すぎるほど裕福だった。名声も同じだ。癌患者支援活動のおかげで、彼は世界中のどんなプロサイクリストも夢見るほどの名声を博していた。さらに、支援活動はレースよりも深く豊かな満足感をランスに与えていた。ツール・ド・フランスは、人生の象徴なのだ。癌との闘いも、また人生そのものだ。

スポーツ史上の功績という点で、もはやランスにとって前人未踏の記録はなかった。ただ六連覇しただけでなく、さまざまな好敵手を相手にして勝ったのだから、単なるまぐれや運がよかったわけではない。それ以上、証明しなければならないことは何もなかった。

私たちは、自転車競技界が巻き込まれた黒い問題に心底嫌気がさしていた。これは二〇〇四年八月、つまり、史上最大のドーピング・スキャンダルが起きる以前のことだ。

その年の九月、タイラー・ハミルトンに二度の血液ドーピング検査で陽性反応が出た（一つはアテネオリンピックでの検査だが、のちにこの検査結果は無効となる。疑惑を裏付けるはずの「Bサンプル」

が試験室で検査不能な状態になったため。二つ目はブエルタ・ア・エスパーニャでの検査）。また、以前我々のチームにいたロベルト・エラスはＥＰＯ（エリスロポエチン。赤血球増加ホルモンの一種）の陽性反応が出たため、二〇〇五年ブエルタ・ア・エスパーニャの優勝を剥奪された。二〇〇六年の「オペラシオン・プエルト」事件では、数多くの選手がスペイン人医師と協力してドーピングが行なわれたと嫌疑をかけられ、ヤン・ウルリッヒやイヴァン・バッソなどのスター選手や、その他七名の選手が二〇〇六年のツールに出場できない事態となった。さらにフロイド・ランディスの、二〇〇六年ツールの第一七ステージにおけるテストステロン陽性反応。

締めくくりは、二〇〇七年のツール「崩壊」である。クリスティアン・モレーニにテストステロン陽性反応が出たあと、モレーニを擁するチーム・コフィディスの全員が出場停止処分を受ける。チーム・アスタナは、二回のステージ優勝を手にしたエースのアレクサンドル・ヴィノクロフに血液ドーピング検査で陽性反応が出たため、ツールを去る。パトリック・シンケビッツはレース前のテストステロン検査で失格したことが、イバン・マヨは休養日に採取された「Ａサンプル」にＥＰＯ陽性反応が検出されたことが判明。マイヨ・ジョーヌを手にしていたミカエル・ラスムッセンは、ツール前月にドーピング検査当局に居場所を正確に報告していなかったことから、ツールを去り、レース外の検査にも常に応じなければならないというチーム法規違反で解雇された。

あるいは繰り返しすぎかも知れないが、私は好んで、ツール・ド・フランスは人生の象徴だと言い続けてきた。そしてまさしく人生と同じように、ツールは人間の素晴らしい部分だけでなく、醜い部分をも引き出す。第一回開催時から、ツールは高潔さ、勇気、犠牲、勝利などの美徳と共に、不正と混沌といんちきの「見本」でもあった。

一九〇四年、第二回ツール・ド・フランスでは、上位の選手四名が主要ステージ間を電車で移動していたことがわかり失格となっている。また八八名のうち二五名が車や電車を利用したり、ショートカットをしたかどで処罰を受けた。

翌年は、フランソワ・ドーティニャックのファンが、ライバル選手をパンクさせようと第一ステージで釘や画鋲をばらまいた。一九一一年、アンリ・ペリッシエとフランシス・ペリッシエ兄弟はジャーナリストのアルベール・ロンドレスに、ある容器を取り出して見せて、それがコカインだと教えた。「ずっと爆走し続けるんだ。夜は眠らないで部屋中踊りまくる」そうアンリはうそぶいたと言う。

一九三七年、山岳ステージの直前、同年の優勝者ロジェ・ラペビーは、ハンドルバーの一部が途中まで切られているのを見つけた。一九五三年、ジャン・ロビックという華奢で小柄なクライマーは、下りのスピードを上げようと山の頂上で密かに鉛入りのウォーター・ボトル（重さ約一一キロ）を受け取った。一九七八年、ミシェル・ポレンティエールは、ラルプデュエズで勝ち、マイヨ・ジョーヌに王手をかけたかと思われた矢先、失格になった。尿道部から脇の下まで管をめぐらし、脇の下にドーピング汚染のない尿の入った容れ物を隠しておき、検査に引っかからないようにしていたことがドーピング検査施設で判明したからだ。

ツールでの不正は、電車に乗ったり画鋲をまき散らしたりするような、ただのいたずらのようなレベルから、巧妙な医学的テクニックにまで発展し、自転車競技界の雰囲気は、それまでにないほど不愉快きわまるものになってしまった。癌を克服した選手が、史上最高のスポーツイベントでチャンピオンになったという、人々に勇気を与える美しいサクセスストーリーを持ってしても。

ドーピング問題の広がりは、レポーターやファンや選手を疑念に巻き込んだ。一体どこまでが真実なのだろうか、と。ランスは、一九九九年にツールで初優勝を飾った当初から、ドーピングの疑惑や当てこすり、あからさまだが根拠のない誹謗中傷に悩まされていた。マスコミは私たちチームのゴミ箱を漁り、不正の証拠がないか探しまわった。

ランスのドーピング疑惑を糾弾する輩には、他のチームの選手だけでなく、以前我々のチームにいたスタッフや選手まで含まれていた。マスコミに金を積まれて話した者さえいる。だが誰一人として、ひとかけらの証拠も出すことができなかったのだ。一九九九〜二〇〇五年に引退するまで、ランスは地球上で最多数のドーピングテストを受けたスポーツ選手となった。競技中も、競技期間外も、一度たりとも陽性反応が出たことはない。それにもかかわらず、ドーピングの噂や中傷はランスにつきまとい、何も証明することがないのに目に見える証拠を出さなければならないという、ばかげた状況に陥った。一度も検査に引っかからなかったという記録以外に、どんな証拠を出せというのだろうか。

想像してみてほしい。物的証拠であれ何であれ、犯罪を事実上証明するものがまったくなく、警察や検察当局からの公式の取り調べもないのに、ある日いきなり、近所の人があなたを殺人者だと非難したとしたら。そして地元の新聞やテレビ局が、それを本当のことだと報道したとしたら。あなたなら、どんな気持ちがするだろう。証拠がないという以外に、一体どんな証拠が提出できるというのか。

七連覇をねらうかどうか話しあった二〇〇四年は、こんな状況だった。破らなければならない記録はもうないし、金銭面、スポーツ面、あるいは人道的にも何かメリットがあるわけではない。その上、何ら証拠のない誹謗中傷に対して、無実を証明し続けてなければならない。

一方、またツールに挑戦するのであれば、全力で取り組まなければならないことはわかっていた。ツールへの参加は、ランスだけでなく、私をも疲弊させていた。私たちのトレーニング法は、三六五日、二四時間取り組むことを意味したからだ。それはランスにとって、食生活や睡眠時間や休日だけでなく、テレビを見たり友人に会ったりする時間や、ランスにとって最も大切な、息子と双子の娘と過ごす時間を制限することでもあった。

「七連覇を目指すとしたら、その理由は何だろう？」私は訊いた。

ランスは、にやっと笑って言った。「勝つためさ」

私は微笑み返した。ランスはツールで失った体重をすでに少し取り戻していた。ツール最終日には、選手はやつれて衰弱しきっているように見えるが、ランスの肌には生気が戻り、動きには軽快さが戻っていた。その目は激しく燃えるようだった。

「そうだな。でも、勝つべきだろうか？」

それは、よく考えなければならない問いだった。私たちはしばらく気の向くままに、勝つためのモチベーションや、もう一度ツールで勝つことへのモットーを思いつくまま羅列してみた。「引き続き癌患者支援プログラムの宣伝になるだろう」という真面目なものから、「七連覇すればスポンサーが保証される」というビジネス的なもの。「七連覇すれば誰も記録を打ち破ることはできない」というついでのようなものや、「年寄りだって勝てることを思い知らせてやろうじゃないか」という、ふざけたものまであった（二〇〇五年の九月でランスは三四歳になろうとしていた）。

それは、人生で最も率直な意見が交換できた日だった。私たちには、あらかじめ決まった答えが頭になかったからだ。二人とも「イエス」でも「ノー」でもいいだろうと考えていた。不思議なことに、ランスがいなくなるかも知れないということに恐れや心配は感じなかった。そして、その感情をランスにはっきりと伝えることもできた。

「一回は、君なしでツールに勝たなければ」

二人ともその理由はわかっていた。ただ何度も勝利をおさめただけでなく、一つの曇りもなく、骨の髄まで真の勝者だと自分を認めるためには、私は自分自身と世界に向けて、史上最高の選手がペダルを回さなくても勝てるのだと証明しなければならなかった。そうでなければ、一生自分に疑問を持ち続けることになる。

「ヨハン。絶対にできるさ」ランスは言い切った。彼独特の、答えは一つしかないだろう、とでも言うような確かさで。

私は、二〇〇二年に四連覇を果たしたあと、移動中にどこかのホテルで一人考えた夜のことを思い出した。座ったまま、ランスが引退したあとのことを何時間も想像しようとした夜のことを。それまでもときどき頭に浮かぶことはあったが、落車事故と同じたぐいの出来事にしか思えなかった。

つまりいつかは起きるだろうし、そのいつかはすぐに来るかも知れない。でも、それはとりあえず、今日ではないのだ。連勝が止まるときを考えるより、そのあとにどうするべきか計画する方が楽だった。

その夜、私に一人で考え続けさせたのかが何だったのかはわからない。ただ言えるのは、タイミングがよかったということだ。もしこんなに前から——ランスが引退する三年前から——考えていなかったら、二〇〇五年にランスが引退したあとは、あやまって錨が外れてしまった舟のように、ただ目的もなく漂っていたことだろう。私には、冷たい現実に真正面から向き合う時間が必要だったのだ。ランスがいなくてもツールに勝てると思ってはいたが、おそらく最低一回は負けるだろうということも同じように確信していた。

それは、再び勝つときは、まったく違ったチームで、まったく異なるタイプの選手が要るだろうと考えていたからだ。つまり、私の采配もかなり変えていなければならない。こういったプロセスには時間がかかるものだ。最低でも一シーズン、あるいはもっとかかるかも知れない。

一つ重要なのは、ランスを失うという事実にしっかりと目を向けたことは、運がよかったという点だ。過去の栄光を取り戻すために、実ることのない努力を何年も続けるコーチやマネージャーやリーグは多い。

最近の例で一番わかりやすいのは、マイケル・ジョーダンだろう。ファンやマスコミや、ＮＢＡのオフィシャルは、第二のマイケル・ジョーダンを欲してやまない。第二のランス・アームストロングは、絶対にいないことが、私にはわかっていた。あまりにも驚異的な身体能力や、比類のない勇気と強さと集中力を私は間近に見てきた。仕事率や、心拍数、酸素摂取量、パワーウェイト・レシオなど数々のデータも私は目にしてきた。そして何よりも、まさしく数限りない時間を車に乗って、ランスの横や後ろで費やしてきたのだ。

第二のランス・アームストロングは、絶対に現われない。

それでもレースは続く。そして私は、つまずきたくなかった。

結局、二〇〇五年のツールに挑戦しようと最終的に決めた理由が何だったのか、わからない。もしかしたら、いろいろな理由が組み合わさったものだったのかも知れない。とにかくやってみようとか、目にもの見せてやろうとか、まだ勝ち続けたいとか、一年あればランスの後継者を見つけて、チームを立て直すことができるとか。あるいは金のため、名声のため、満足感のため。もしかしたらランスのスクリーンセーバーにあった「ＭＡＧ**7**・Ｃ」のおかげかも知れない。

ランスも私も決め手となる大きな理由を思いつかないということは、結局、最初の土台となった「やるからには、勝利をねらおう」というシンプルだが不滅のモットーに、もう一度誇りをかけてみようということだったのかも知れない。

自転車競技界には、こんなジョークがある。勝利の五〇パーセントは、まずレースをスタートすること、残りの五〇パーセントは、フィニッシュラインを最初に越えることだと。ランス・アームストロングなしでツール・ド・フランスにどうやって勝とうか悩むチーム監督でなければ、面白い冗談かも知れない。

このジョークを私に当てはめるとこんな具合になる。

勝利に必要なこと。その八分の七は、ランス・アームストロングを連れてくることだ。残りの八分の一は、私がランスや他の選手とツールで学んだことをすべてかき集めることにある。それは、何年もかけて苦労して得た技と、戦略と、規律と、偏執的ともいえる執着心を持って、些細な物事にも注意を払い、犠牲を払い、汗を流し、勝負にすべて賭けるということだ。そして、その知識をハンマーとして使い、新たな勝利への道を叩いて造り出すのだ。地上で最高の、最も冷徹で美しく、過酷なスポーツで。

ランスとの出会いは、勝利についてあらゆることを教えてくれた。

信念を持つこと。頭と心を使い、コミュニケーションを行ない、傷あとを恐れないこと。信頼を寄せること。ときには力を隠すこと。大きな獲物を得るためには、小さな獲物は逃がすこと。常に人材を探し続けること。最も重要な決定を金銭に任せないこと。

――だが、自分自身が認める真の勝者になるためには、ランス不在でツールに勝たなければならない。そしてそのためには、自分に反するあることをしなければならない。それは、失うことを受け止めるだけでなく、感謝して味わうことだ。そうして、勝利から学んだのと同じように、失うことから学ぶことだった。

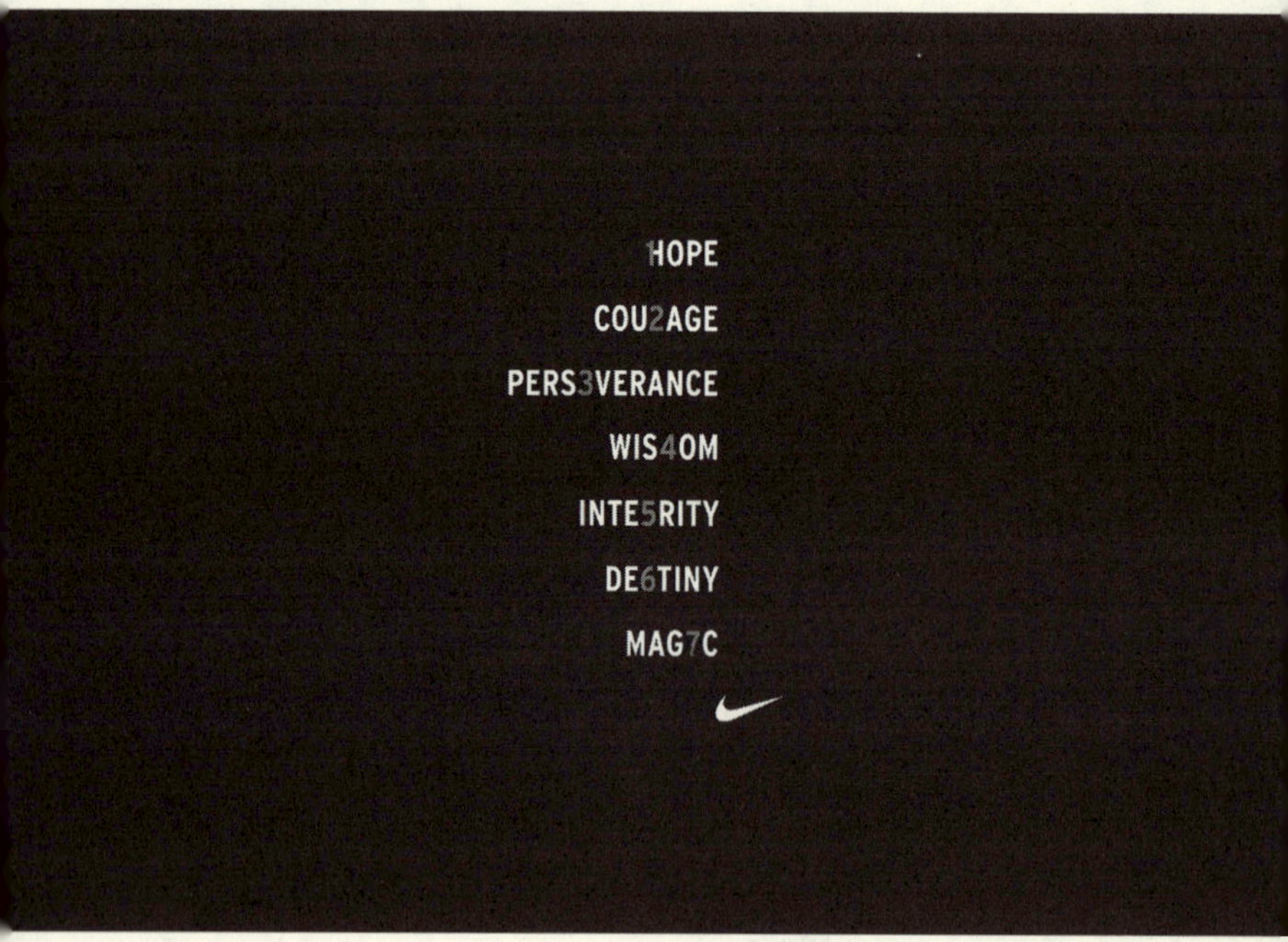

2003年、ツール5連覇の前、ランスが使っていたスクリーンセーバー。当時からランスは、7連覇を考えていたのだ。そしてそのときから、私も。

第一一章　ダメージは最小限に

すべてを台無しにしない最小限の敗北が、
甘美な勝利となる。

自転車レースにはいろいろな教えがある。

腹が空く前に何か食べろ。のどが渇く前に水分をとれ。上りの前でシフトダウンしろ。カーブの前でブレーキをかけろ。走りやすいのは後方より前方だ。円を描くようにペダリングしろ。

大したアドバイスではない、と感じるかも知れない。あまりにも当然ではないかと。だがシンプルだからこそ効果がある。厳しいレースのさなかに、難しいことは考えられないからだ。私がチーム監督として成功したのは、優れたレース戦略や斬新さだけによるものではない。逆に、ロードレースという狂騒の中で、シンプルな基本を実行したことにその大きな勝因があるのだ。原点に立ち返らせてくれる、素朴でインパクトのあるフレーズは、往々にして勝負の決め手となる。

二〇〇〇年のツール・ド・フランスを救ったのは、まさにその一つだった。

二度目の優勝を手に入れるのは、一度目より厄介だろうとわかっていた。一九九九年にはある二人の強豪選手が参加していなかったからだ。いずれも過去のツールの優勝者だ。一人は私たちの永遠の宿敵、ヤン・ウルリッヒ。九七年のツールで優勝したが、九九年は治りの悪いケガで休んでいた。二人目はマルコ・パンターニ。九八年のツール優勝者で上りの名手だ。才能はあるが、むらがあり不安定なライダーで、ドーピング・スキャンダルに巻き込まれたあと、復帰した。

二〇〇〇年のツールには、山頂にゴールのある主要ステージが三つあった。雌雄を決するのはこの山岳ステージになる。私たちと同様、ウルリッヒとパンターニも、そう考えていることがわかっていた。

最初の山岳ステージは二〇九キロだ。勾配八パーセント、約一四キロのオタカムの上りの前に大きな峠が二つあった。オタカムはその年の春、何度もトレーニングで上っている。結果はいいときも悪いときもあった。五月初旬、ランスはここで上りのトレーニングのあと狭い山道を下っている途中、タイヤがいきなりパンクしたせいで、レンガの壁に激突した。ひどいケガをして、数週間トレーニングを休む羽目になった。再び戻ったのは、冷たい雨の降りしきる六月のある日だった。山頂で「もう一度やろう」とランスが言ったあの日だ。

レースがオタカムに入ったとき、ランスは総合一六位につけていた。首位との差は約六分で、許容範囲内だった。そこまでは平坦な区間か、やや起伏のあるステージで、スプリンターや逃げの得意な選手がトップにつけていた。彼らは総合優勝ではなく、数日間マイヨ・ジョーヌを着ることをねらっていた。私たちのライバルは二人ともランスより下位にいた。ウルリッヒはランスと三〇秒差でつけており、パンターニは首位から一一分遅れていた。

その日の朝、窓ガラスを叩きつけるような雨音で目を覚ました。外は雨に濡れそぼり、寒そうで、ひどい天気だったが、それは私たちにとって、まさに完璧なコンディションだった。オタカムでまったく同じような天候でトレーニングを積んできたのだから。満面の笑顔でやってきたランスが言った。「最高のレース日和だ」

ふたを開けてみると、最高どころの話ではなかったのだが。

プロトンは、水を跳ね飛ばしながら細道を走った。三人の選手が早期にアタックをかけたが、そのまま行かせた。総合成績を脅かす存在ではなかったからだ。

「ステージは負けて、総合で勝つ」無線を通して私は言った。大原則の一つだ。

集団と逃げ集団は苦闘し、寒さに震えて、大荒れの天候の中でぼろぼろになった。ハビエル・オチョアという若手が単独で先頭に逃げた。五名ほどのクライマーの小集団が八分遅れでオタカムの麓まで彼を追ったが、私たちは追撃しなかった。私は、オチョアから一一分遅れの集団にランスがついているように注意を払っていた。ライバルの二人がその集団にいたからだ。他の選手は風が吹きつける中、ちりぢりになっていった。

天に向かっていくのかと思えるほど上りが過酷になったとき、パンターニがサドルから腰を上げてアタックし、集団から飛び出した。ランスがただちに追い、パンターニを抜かした。ランスはものすごい勢いでペダルを踏んでいたが、それはまるで、日曜の午後、田舎道をサイクリングでもしているような、スムーズな走りだった。ランスはそのままオチョアを追う小集団を捕らえて、ピンに向かって転がるボーリングのボールのように走り抜けた。

ランスは続いて、先頭で独走していたオチョアとの差をむさぼりつくすかのように縮め、わずか一三キロで一〇分も差を詰めた。オチョアは、ランスと四一秒差で一位につけた。

それでよかった。ランスはマイヨ・ジョーヌを手にして、ウルリッヒ（四分一四秒差）とも、パンターニ（一〇分三四秒差）ともタイム差を広げたのだから。

その後、比較的穏やかな上りのステージが終わったあと、次の主要山岳ステージの二二キロの上り、ヴァントゥーに着いた。ヴァントゥーは「プロバンスの巨人」という異名を持つ孤峰で、その名は不気味なほど巨大なたたずまいに由来している。勾配はあくまでも過酷で容赦がない。山頂は標高一九〇〇メートルにもなり、高度が高いため息を吸い込むと肺がちりちりと痛むほどだ。最後の数キロは、一本の草木すらない月面のように不毛な荒地に風が容赦なく吹きすさぶ。ヴァントゥーの麓で、私はベストクライマーの二人を先頭に送った。「叩き潰せ」というシンプルな命令と共に。二人は力尽きるまでレースを叩き潰して、まさに私が望んでいた通りの展開になった。ランス、ウルリッヒ、パンターニ、そしてあと三名のクライマーだけが先頭に残った。マイヨ・ジョーヌを手にした今、必要なのはランスがライバルにつくことで、アタックは必要ない。今のリードを保つのみで、それ以上のタイム差は必要なかった。

ウルリッヒはいつものようにペースを上げて、腰を下ろしたままペダルを強く踏んでいた。脚の太い筋肉がまるで機械のように見える。パンターニは集団とついたり離れたりを繰り返していた。後退したかと思うと、また追いつく。自身の身体の中で何かと闘い続けているようだった。パンターニが再度後退し、私は「オーケーだ」と無線でランスに伝えた。

ところがパンターニは、突然どこからともなく集団を走り抜けて、先頭に飛び出した。小集団に追いつかれたかと思うと、再び飛び出していく。後ろで誰かが後退したが、どの選手かはわからない。この圧倒的なアタックに追いつく力があるか、ランスを見るので精一杯だったからだ。パンターニは何度も飛び出し、その度に集団から選手が脱落した。次のアタックで集団は完全に潰される。何かが私にそう教えていた。それは、選手間のスペースの開き方や選手の肩の揺れ方からそう思ったのかも知れない。無線をつかんでランスに命じた。

「今度のアタックにはついて行け！」

パンターニが次にアタックしたとき、ランスは追いつき、みごとな走りを見せた。後ろにぴたりとついてペースを維持し、風速六五キロの風から身を除けるのではなく、横に並び、壁のように立ちはだかる道を上っていったのだ。

問題はここから始まる。

ツールでは、マイヨ・ジョーヌを着た選手が総合成績の脅威にならない相手と飛び出した場合、ステージ優勝をその相手に譲るという伝統がある。それは名誉なことだとされていた。総合首位の選手にとって最も重要なのは、ライバルとのタイム差を広げることだ。他の選手がそれを手助けするような状況になった場合、その相手にステージ優勝を譲るのは感謝の印であり、ロードレースのしきたりの一つだ。だから頂上のゴールで、ランスはペダルを踏む脚をゆるめ、パンターニにステージ優勝を譲った。

何がどこで間違ってしまったのか、わからない。パンターニは誇り高く、カッとしやすい選手だった。ランスにステージ優勝を譲られて、頭に来たのかも知れない。つまりそれは、暗に自分が総合優勝を脅かす存在ではないと言われたようなものだからだ。

ランスによると、山頂への道で二人が並んだときに、「勝利」という意味のイタリア語をパンターニに言ったのだという。このステージでお前は勝てるぞ、という意味の無骨なメッセージだ。パンターニは、それを「ヴィテッセ（スピードを上げろ）」と勘違いして、侮辱だと受け取ったのだという。いずれにせよ、ステージ優勝を譲られたことに激怒したパンターニは、レースを徹底的に潰す、とその日の記者会見で宣言した。

それはただの脅しではなかった。翌日、比較的穏やかな山岳ステージで、パンターニは集団を飛び出し、ランスを五〇秒引き離して優勝した。記者会見で彼は、単独ゴールの方がずっと痛快だ、と発言している。自分がそう望めば前日も単独ゴールできたのだ、とでも言いたげに。

その年の最後の主要山岳ステージ（第一六ステージ）は、「競技生活で最悪の日」だとランスが私に教えてくれた一日になった。

第一六ステージは、一三五キロのコースに五つの上りがある。最後の峠は、ジュープランと呼ばれる一二キロの上りだ。ヴァントゥーやオタカムより勾配がきつく、巨人がいいかげんに投げつけてつくりあげたような、急カーブの狭い山道が至るところに続いている。

パンターニは、最初の上りでアタックをかけてきた。正気の沙汰とは思えなかった。まだ残り一二〇キロ、四つの山を越え、独走しなければならない。とんでもない賭けだ。成功する見込みはほとんどない。

しかし、絶対に成功しないとは言い切れない。

ステージ優勝で見せたパンターニの走りから考えると、このアタックにも警戒しなければならなかった。パンターニは集団から飛び出し、ピンクのジャージを上下に揺らして、腰をサドルから上げ、独特のペダリングで漕ぎまくった。スキンヘッドに顎ひげをたくわえ、ピアスとバンダナで身を飾り、自らを「イル・ピラータ（海賊）」と名乗るパンターニ。このレースで彼は自らを沈めることになりそうだったが、優勝を略奪される隙をわずかでも与えてはならない。

「よし、追撃しようじゃないか」無線に向かい、チーム全員に命じた。

私は落ち着きはらったそっけないほどの声で伝えた。チームには、ただ総合首位を守るための、いつもの追撃だと思わせたかった。皆が感じていたランスとパンターニの間の緊張感を和らげたい気持ちもあった。

その日、チームカーにＶＩＰゲストが乗っていたこともある。ＶＩＰは私の母国ベルギーの首相だ。私は首相に微笑みかけ、「これは面白くなると思いますよ」と言った。チームのトップクライマー二人が先頭につき、あたかもアラスカのそり犬のような勢いで集団を引き始めた。

パンターニがタイムを一分広げた。

「スピードを出せ。追いついて、押し戻せ」努めて軽い調子で言った。眉を上げる首相に、私はうなずいて見せた。なぜだかはわからないが。

我々のチームは頭を低く下げ、峠を二つ越えて、パンターニを追撃し続けた。ハードな追撃に必死なあまり、補給地点を通り過ぎてしまった者もいた。サコッシュ（水や補給食が詰めてある袋）をつかむ一秒も惜しんだのだ。この執拗な追撃は功を奏した。パンターニのリード は一分五秒になったときもあったが、ジュープラン前の下りでは、我々のチームがまるで子供を抱き込むようにパンターニの周りを取り囲んだ。パンターニのピンクのジャージとバンダナは、集団のカラフルなジャージの向こうに消えてしまった。

さあ、ランスの出番だ。ランスは少しペダルを踏みこんだかと思うと、精も根も尽き果てた集団をあとにして、ジュープランを上り始めた。近くにいたのは三名だけだ。ウルリッヒと、フランスの名クライマーのリシャール・ヴィランク、そしてスペイン人のクライマーだ。

よし、これでいい。

「ヨハン」ランスの声だ。

私はこれ見よがしに無線機を口まで上げ、首相を見やりながらきびきびと答えた。「どうした、ランス」

「調子が悪いんだ」

「大丈夫だ。頂上まであと一〇キロだぞ」私は言った。

ところが「大丈夫」ではなかった。過去二年間でまさに初めて、ランスの脚はもたつきを見せていた。肩が丸まり、スピードが落ちている。

ウルリッヒはただペースを保っているだけだったが、ランスとリードを広げた。ヴィランクもそれに続いた。二人とも、何が起きたのかようやく気づき、後ろを振り返り、ランスを見やった。まるでランスが後ろにいる証拠がほしいとでも言うように。

「心配するなランス。大丈夫だ。問題ないぞ」

そうランスに声をかけたが、私の頭は、まるでアタックをかける選手の脚のようなスピードでフル回転していた。ランスのコンディションは把握済みだ。この峠でトレーニングもした。春には、実際のツールで上るより多くの数をこなしている。そのランスが潰れるはずがない。しかし、どうだろう。もしかしたら、パンターニは本当にランスを潰してしまったのかも知れない。レースに揺さぶりをかけてしまったのかも知れない。

「大丈夫だ、ランス、ランス」私は繰り返し、首相に笑顔を見せた。

ウルリッヒは大きなギアで踏み込み、すさまじいパワーを見せつけるように走った。その横では、ヴィランクともう一人のクライマーが、小柄な選手に典型的なダンシング（立ち漕ぎ）で上ろうとしていた。

ランスの頭は上下に動いていた。まるで身体のすべてを使ってペダルを踏んでいるように。

「ヨハン」またランスの声だ。

ランスが崩れたのなら、ツールはおしまいだ。優勝は前年の一度きりで終わる。

「ヨハン？」

私は無線の通話ボタンを押して、離した。ウルリッヒたちがジュープランに消えていく中、そのステージをもう一度よく振り返ってみた。そしてやっと何が起きたのか理解した。パンターニを追撃中、補給地点で止まらなかった数名にランスもいたのだ。その結果がこれだ。この狭い道では、水や食料をランスに補給することは無理だった。

チーム監督として最も歯がゆいのは、選手が基本の基本を怠ったため、レースが突如としてコントロール不能になることだ。戦略や機知、モチベーションやインスピレーションや代替案がいくらあっても、選手が指示に従わなければどうにもならない。ランスと私は奇跡的にも、そんな失敗をそれまでまったく経験していなかった。頭はチームカーに、身体は自転車の上にあるという、一心同体だったのだ。まさに、このときまでは。


計画は失敗した。

それは、ツールの優勝を犠牲にしかねないほどの失策だった。ハンガーノックを起こし、エネルギーを使い果たして脱水状態になった選手は、ガソリンとエンジンオイルが空っぽになった車のように、すべてが無惨にストップする。ただスローダウンしてから止まるのではなく、急停止するのだ。

このような基本的な失敗に直面したときに効くのは、基本的な解決策しかない。ツールに勝つため、今できるアドバイスは、小学生でも思いつくような簡単な言葉だ。

「ランス、無理をするな」

私は再び首相に笑顔を見せた。今度はカムフラージュではなく、心から。「かなりまずい状況ですが、大丈夫です」

カウンターアタックどころか、ウルリッヒとヴィランクを追うエネルギーさえランスには残っていなかった。このステージを乗り切るには、自分の身体と総合首位を守るために十分なスピードでゴールまでどうにか走ることだ。直感に反した方法だったが、スローダウンしなければならなかった。首位を守るのに十分なペースで走り、オーバーヒートを起こさないこと。そう考えながら、私は同時に頭の片隅で、ゴールまでの距離、ステージ冒頭でのウルリッヒとの差、ランスとウルリッヒの上りの推定時速を計算した。

無線を取って私は言った。「ランス、よく聞け。リードは大きい。二分ぐらい奪われても平気だ。三分でも問題ない。ゆっくり行け」

そして、シンプルなだめ押しを繰り返した。「無理をするな」

ランスはそのアドバイスに従った。それは決して簡単ではなかった。私がずっと励まし続ける中、途中、何分も無線に応答がなかったこともあった。やっと返ってきた返事は、弱々しくうつろだった。

しかしとにかく、ランスは無理をしなかった。その前日だったら、あるいはその一時間前だったら、いたたまれないようなペースで上った。けれども、その一歩一歩は、意思の力と強さと智恵の象徴だったのだ。

敗北が明らかなときは、無駄なエネルギーや時間を使わない方がいいこともある。失敗を受け止めて、ダメージを最小限に食い止めた方がいい。それまでのすべてが台無しになることを防げば、最も冷酷な敗北のさなかで、甘美な勝利が得られる。この日ランスが無理な走りをしていたら、ツール優勝は完全に逃がしていたかも知れない。

その日のステージ優勝はヴィランクが勝ち取った。ウルリッヒは二位につけ、最終的にランスとのタイムを九七秒縮めるのみにとどまった。ランスはまだ五分三〇秒のリードを保つことができた。パンターニは結局、崩れて一三分遅れを取り、翌日リタイアした。

2005 年、ランス最後のツールの最終ステージで、恒例のシャンパンでの祝杯。一つの時代が終わり、新しい時代が始まる。

第一二章　すべての敗北に勝利を見出せ

敗北から目を背けずにじっと見つめれば、
見逃していたかも知れない強さが見えてくる。

ジョージ・ヒンカピーは、すらっとした長身のスタイリッシュなサイクリストだ。ランスの親友であるだけでなく、ツール七連覇のすべてをランスと共に走った唯一の選手でもある。フランク・シナトラやポール・ニューマン、ジョージ・クルーニーを合わせてトップレベルのライダーにすれば、ジョージ・ヒンカピーのできあがりだ。自転車選手にしては背が高く、身長一九〇センチ。レース時の体重は七五〜八〇キロで、グレイハウンドのように優雅なしなやかさを見せる。

当初はスプリンターとして天性の能力を発揮したが、ランスが最も信頼を寄せる副隊長的存在となるまで、半日間、集団を引くスキルや、山岳でランスを引くスキルに腕を磨いた。

彼はランスのためにいつでも全力を尽くし、いつもそうしてきた。

一方、決していつも脇役におさまっているわけではない。自身も世界に名の通った、端正な顔立ちのトップスター選手であり、元ポディウム・ガールのメラニー・シモノーと結婚している。二人の間には娘のジュリア・パリスがいる。さらに、ヨーロッピアン・テイストをモチーフにした、ビンテージ調かつハイテクなバイクウエアの会社のデザイナー兼経営者でもある。彼はまさに万能選手なのだ。


私はジョージと、パリ〜ルーベで優勝を手にしたいとずっと考えていた。パリ〜ルーベはクラシックレースの一つで、「北の地獄」という異名を持つ。

ジョージはアメリカが輩出した最高のワンデーレーサーで、ヨーロッパ全土でシーズン序盤に行なわれる石畳のレースに関しては特にそうだ。ヨーロッパ以外では、新聞のスポーツ欄にも載らないかも知れないが、クラシックで優勝を手にする、屈強で頭が切れる幸運なライダーは、チャンピオンとしてあがめられる。彼はクラシックの一つ、ヘント〜ウェヴェルヘムと、名高いクールネ〜ブリュッセル〜クールネで優勝した唯一のアメリカ人だ。わかりやすく言えば、ツール・ド・フランスの優勝がアカデミー賞なら、クラシック優勝はカンヌ国際映画祭の最高賞パルム・ドールといったところだろう。

クラシックの中で最も有名なのがパリ〜ルーベだ。コースは全長およそ二六〇キロの、中世からある、でこぼこのパヴェ（石畳）。タイヤが跳ねる泥を身に受けながら、傷を負うまで身体をパヴェに叩きつけ、ときには滑って溝に落ちながら、酔っぱらって大騒ぎするファンの間を走る。ゴールは、パヴェとは打って変わった、きらめくヴェロドロームでの一周半だ。世界で最も過酷で偉大なワンデーレースと言われるこのパリ～ルーベで、わずかでも優勝に近づいたアメリカ人選手はいない。ジョージ・ヒンカピー以外には。

一九九九年のパリ～ルーベの二五〇キロ。ゴールまであと二四キロというところで、ジョージは先頭集団の七名に食い込んでいた。イタリアのチャンピオン、アンドレア・タフィがアタックし、狭いパヴェのコースでタフィのチームの二人が先頭につき、すべての追撃を抑えた。タフィは逃げ切って優勝し、ジョージは四位に終わった。あと一歩で表彰台に食い込めたのだ。

二〇〇〇年、ジョージや他の選手は運命に挑もうとしていた。「クラシックの帝王」ヨハン・ムセウが雪辱をはらすために帰ってきたのだ。ムセウは二年前にパヴェで転倒し、壊疽《えそ》で片脚を失うかも知れないところだった。ムセウはアタックをしかけ、二七三キロのうち、あと二九キロ地点で、約三分の差をつけていた。ジョージと共に追撃していたグループは猛追し、大きく差を詰めた。残り一六キロ地点で二分、三キロで一分、八〇〇メートルで三〇秒。ゴールでは一五秒までタイム差を縮めた。ジョージは六位に終わった。

二〇〇一年のパリ～ルーベは、ひどい嵐で、消防車が呼ばれてパヴェから水を吸い取らなければならないほどだった。コースは泥だらけで、主催者をして最悪のコンディションだと言わしめた。ジョージは逃げを決めて八〇キロを独走したが、タイヤがパンクし、追撃してきた追走集団に追いつかれて、四位に終わる。同じように、二〇〇二年は泥で滑り、溝にはまって六位に、二〇〇三年は呼吸器感染症と寄生虫感染症で不出場、二〇〇四年は八位に終わった。

パリ〜ルーベは、落車による骨折で選手生命を終焉させ、パヴェの衝撃でホイールやフレームを叩きのめし、パンクを起こし、屈強な選手の心を冷徹に引き裂く。その中で、一〇位以内というのは素晴らしい成績だ。そしてこのレースは、過酷なまでの僅差で勝負が決まる。一九九〇年、スティーブ・バウワーはエディ・プランカートにわずか一センチの差で優勝を譲っている。

ジョージはあと一歩というところでいつも優勝を逃がしており、彼の運命とパリ〜ルーベはまるで絡み合っているようだった。二〇〇五年こそは彼の年になるだろう。そう私は考えていた。

チームには、苛烈なコンディションの中で、ジョージをアシストできる選手を揃えた。不屈のベルギー人選手スティン・デヴォルデルとレイフ・ホステ。オフロードで七回ワールドチャンピオン・メダルを獲得した元マウンテンバイク選手のライダー・ヘシェダル。どんな集団でも先頭につき、機関車のように引くイギリス人のロジャー・ハモンド。そしてこのときにはすでに名人級のライダーとして名高かった、不屈の「エキ」、ヴィアチェスラフ・エキモフ。

コースコンディションは惨憺たるものだった。じりじりと陽光が照りつける日で、選手は土埃にまみれ、それは汗とまじり、かたくなって身体にこびりついた。ペースは猛烈で、パヴェの中でも特にコンディションのひどいポイントに入ると、落車が起きて集団がばらばらになった。巧妙なベテランのルド・ディレクセンスは鉄条網にクラッシュした。一九九七年の勝者フレデリック・ゲドンも落車して、自転車は完全に使い物にならなくなった。

パリ〜ルーベでは、これといった戦略はない。ただアシストにチーム・リーダーの近くにいるように懇願するだけだ。道幅はチームカーがやっと通れるぐらいであるため、自転車でひしめく中を車で抜けるのはほとんど不可能だ。選手に向かってジョージを探すように怒鳴り声で命じて、でこぼこ道の一番ましなスペースに導くように言う。観衆の大混乱の中では声を張り上げなければ聞こえない。道路脇には、ヨーロッパ全土からやってくるファンが十重にもなっている。中でも熱狂的なのがベルギー人だ。コース沿いに野宿し、ビールを飲んでフライドポテトをつまみながら、何時間も待つ。ファンが振り回すベルギー国旗の中を走るのは、海兵隊のブートキャンプと同じようなすさまじさに違いない。ジョージはその雰囲気が大好きだった。

雨が降ってきた。滑りやすいパヴェの上で、犠牲者はあとを絶たない。二〇〇三年の優勝者ペーター・ファンペテヘムが落車して腰骨を折った。ジョージの自転車はパンクした。サポートカーが猛スピードで駆けつけて、ジョージから数センチというところで止まったかと思うと、中からメカニックが飛び出しタイヤを五秒で取り替え、泥の中で滑りながら死にものぐるいで押した。

セバスチャン・シャバネルも落車したが、すぐに立ち上がり、ニュートラルカーから受け取ったスペアバイクにまたがって走り出した。猛スピードで走る集団の前につくために加速したニュートラルカーは、パヴェの上でサッカーボールのように跳ね、勢い余って道の片端まで滑った。バイク・ラックに必死でつかまりながら立つメカニックを車のルーフの上に乗せたまま。

ジョージは、ファン・アントニオ・フレチャとベルギー人選手トム・ボーネン以外の全員を抜かした。ボーネンは、その年すでにツール・デ・フランドルで勝ち、シーズン最後には世界チャンピオンになっている。倒すべきは、絶好調のシーズンを送っているこのボーネンだった。

パヴェの衝撃で、野球のバットで背中を打たれ続けるようなレースが六時間半も続いたあと、三人の選手がパリのヴェロドロームの駐車場に入ってきた。外からでも、ヴェロドロームいっぱいの観衆の大歓声が聞こえる。ここまで来たアメリカ人選手は、一人もいない。

ヴェロドロームに入ったとき、ジョージは先頭にいた。最適なポジションとは言えない。今逃げれば、他の二人はジョージを風除けにして、最後の最後に前に飛び出すだろう。ジョージはペダルをゆるめた。他のライダーを先頭に行かせられるだろうか。どんな監督でも、今言えることは何もなかった。

次の瞬間、フレチャがアタックをかけ、その勢いのまま逃げ切ろうとした。ジョージはその後輪につき風を除けて、スプリントのタイミングをうかがった。同時に、今度はボーネンがすり鉢のような勾配のついたカーブの上から、その反動を使って猛スピードで下り、目にもとまらないスピードでペダルを踏んで、ジョージとフレチャを追い抜いた。

ジョージは飛び出して、ボーネンの後ろについた。ゴールが近づく中、じりじりと差を縮める。あともう一歩という結果と不運が続いたそれまでの数年間。これは唯一のチャンスかも知れない。ジョージはチャンスを無駄にしないとわかっていた。そして決して無駄にはしなかった。全身全霊をペダルにかけたのだから。

だが勝ったのは、ボーネンだった。

レース後、ジョージは泣きながら言った。「ベストをつくしたんだ。ボーネンを破ることができなかった。どうしてもできなかったんだ。やるだけやったのに」

ジョージが、持てる力のすべてを出したことはわかっていた。ヴェロドロームでも、レース全体においても。パンクから復活して落車を避け、アタックを決め、逃げを追撃した。伝説の選手を粉々にしてきたレースで、完璧な走りを見せた。ぎりぎりで敗れた相手は、目下絶好調のライダーだ。ヴェロドロームまで残った選手は一六一名中、たった八〇名だった。ジョージの成績はアメリカ人として最高のものであり、パリ〜ルーベの表彰台に上ったアメリカ人は、ジョージただ一人だ。

私は両手を伸ばしてジョージを固く抱き締め、体を持ち上げた。「君はヒーローだ」心からそう思っていた。ヴェロドロームの表彰台でジョージが準優勝の表彰を受けたとき。ボーネンの手には、パリ〜ルーベのトロフィーがあった。パヴェから取った、重いサッカーボール大の石だ。そしてジョージの腕には、赤ん坊だった娘のジュリア・パリスがいた。

敗北劇の背後には、ヒーローがいる。その日、ジュリア・パリスと私が見たように。敗北から目を背けずにじっと見つめれば、ただ失敗の言い訳をしていただけでは見逃していたかも知れない強さが見えてくる。

二〇〇三年のツール・ド・フランスは、ランスが五勝を達成してアンクティルやメルクス、イノー、インデュラインら伝説の選手と並ぶことができるかどうかが決まる年だった。けれども、伝説自体が私たちに陰謀をめぐらして失敗させようとしているかのようだった。

その冬、妻との別居を決めたランスは、打ちのめされたまま、ひたすらトレーニングに集中しようとしていた。いつもは屈強な彼の精神に明らかに影響が出ていた。ツール前哨戦のドーフィネ・リベレでは落車して、腱炎を患う。ツールが始まる数週間前は、長い間会えなくなる子供たちとできるだけ多くの時間を過ごそうとして、インフルエンザか何かをうつされ、体調は最悪だった。

冬から春にかけて、ランスと私はいつも通り、毎日一度は話した。身体的には計画通りのコンディションだった。それを大前提の土台として信じ、私は、不運から守ってくれるような、今までにない最高のチームをつくろうと奔走した。七月が来て、ツールが始まった時点では、再び自信を取り戻していた。

だがプロローグで、ランスは七位に終わった。

さらに悪いことに、宿敵ヤン・ウルリッヒは、二〇〇一年に私たちを脅かしたときを上回るようなコンディションで来ていた。ウルリッヒの新チームのチーム・ビアンキは、彼をこのツールで支えるという目的のためだけに集められた面々だった。

そのあとも状況は思うようにいかなかった。第一ステージで、ランスはひどい落車に巻き込まれる。幸いこぶやアザや擦り傷だけですんだが、全体的な足取りの重さに影響が出た。毎日、四〇度を越える中、太陽がじりじりと背中に照りつけて集団をあぶり焼きにする。ランスも過酷な天候の中、苦闘していた。

それでも、私たちは強固なチームだった。チーム・タイムトライアルに勝ち、ランスは総合一二位から二位に躍進した。一位は同じチームのクライマー、ビクター・ヒューゴ・ペーニャだった。過去にも素晴らしい働きを見せ、その年もアシストとして期待されていた。私たちは皆——とりわけランスは——いつも陰の功労者であるビクターが世界中の注目を浴びて、マイヨ・ジョーヌを手にしたことを嬉しく思った。

その後も不運と落胆の日々は続く。アルプスの山岳ステージで、ガリビエ峠の三〇キロの過酷な上りを、ランスはブレーキの調整ミスで車輪をこすったまま上ってしまった。無駄な力を使い、タイムを奪われる結果となった。ラルプデュエズのゴールでは、過去一年間の疲れが露呈して、二〇〇一年よりも四分遅いタイムを出した。

個人タイムトライアルに入った時点でランスはマイヨ・ジョーヌを着ていたが、私はそれまでにない不安を抱かずにはいられなかった。ランスに特に異常があるわけではない。病気だったわけでもないし、身体的データにも何ら低下は見られなかった。精神力や集中力も変わらない。ただ、どういうわけか、ベストをつくすだけでは不十分だったのだ。

四七キロの個人タイムトライアルは、一人一人が時計と競うレースだ。チームメイトが守ってくれるわけではない。ペースを合わせる集団もいない。暑く、土埃が立つ風の強いその日、ウルリッヒは一分三六秒の差をつけてゴールした。

ゴールで、ランスは自転車の上でへたり込み、ソワニエの腕に倒れ込んだ。口の周りは塩の輪で白く縁取られて、身体中に乾燥した塩などがかさぶたのようにはりついていた。まるでどこかに筋肉を置き忘れてきたかのように、やつれ果て、ただの「残骸」になり果てていた。体重計に乗ると、このタイムトライアルで六・八キロも体重が落ちてしまっていた。身体の水分をほとんど失った計算になる。

完全な脱水症状で、あと一歩で昏睡状態に陥るところだったのだ。

調子があまりよくなかった選手には、その日の夕食前に励ますことにしている。当日のレースと走りを分析し、重要なポイントを選び、何かポジティブなことを言えるようにする。その日、タイムトライアルが五時半に終わったあと、すぐに私はスプリットタイム（スタートからのタイム）を復習した。答えをつきとめなければならない。私たちが今さしかかっている暗いトンネルから抜け出せる何かを見つけなければ……。


そして答えは見つかった。タイムトライアルの最初の一四キロで、ランスとウルリッヒのスピードはほぼ同じだった。スプリットタイムはまったくと言っていいほど同じだ。だが脱水症になってから残りの三分の二でタイムが失われている。ウルリッヒに追いつこうとハードに走りすぎたことで脱水症になったわけではない。脱水症状に陥ったから、走りに影響が出たのだ。

その晩、私はランスと向き合い、ウルリッヒとのタイムを比較した数字を書き出した紙を見せた。半信半疑のランスに私は念を押した。「見てみろ。脱水状態になる前はウルリッヒと同じタイムだ。ウルリッヒより上りに強いことはわかってるな。だから君は最強のライダーなんだ」

「今日は違う」ランスは言った。

「いや、今日も最強だ。確かに今日は負けた。でもそれは、脱水症のせいで、君のせいじゃない。それがわからないか」

ランスはようやく耳を傾けた。数字を見て、私が言ったことを理解しようとしていた。負けた事実を認めて、敗因を見極めるのも大切だ。そうすれば、敗北という焼けあとから立ち直り、次の勝利に向かうことができる。

「どう思おうと、君は最強の選手だ」私は言った。「受け取り方と実際の力は違う。大事なのは力だ。力こそが勝利を決めるんだ。水を飲み続けて脱水症から回復すれば、また最強のライダーになれる」

ランスは私を見て、いつもの笑顔を見せた。

その晩、そして翌日もずっと、私はランスに塩分やミネラル、電解質が入った水をずっと飲むように指示した。空っぽになった身体に、せっせと水を注ぎ込まなければならない。ミネラル入りの水の味は、ひどい代物だったが。

「この水を飲むのは、今までで一番、度胸がいることだよ」次の一本を渡したとき、ランスはそう言った。

翌日のステージでは、またウルリッヒに一五秒タイムを奪われた。

だが大切なのは、ランスが水を飲み、電解質を吸収し続けたことだ。走りながらどんどん水をがぶ飲みするランスを見て、必ず元の調子に戻り、ツールを制覇するだろうと私は確信した。そして、「五勝クラブ」の名選手のリストに名を連ねることを。

身体が思うように動けば、脱水症だけでなく、ツールの最初からつきまとってきた他の問題もきっと克服できるだろう。それまでの四連覇と同じように、その強靭な精神でレースをものにするだろう。タイムトライアルでの失敗は、理解と達成が可能なゴールを示してくれた。今その強みがあるからには、ランスはその他の問題もすべて乗り越えるに違いない。けれども、まだその確信は口に出さなかった。

私はただ、ランスにウォーター・ボトルを渡し続けた。

「走る仕事場」チームカーでの珍しく静かなひととき。危険きわまるスピードで細道を走りながら、戦略を練り、ダッシュボードに取り付けたテレビでレースを見て、チームに無線で指示を出し、携帯電話で連絡を取る。

第一三章　生ある限り、希望あり

生きているじゃないか。それなら最後まで走ろう。

一九九六年のツール・ド・フランス。

ロズラン峠を越えたころ、あちこちから重いギアに変えるシフターのカチッという音が何度もした。最大限のスピードが出せるように、チェーンが小さい歯車にかかる。峠を猛スピードで下るときに低体温症にならないよう、選手がレインジャケットを着る数秒間、自転車を惰走させる音がする。路面を叩きつける細長い糸のような雨が見える。だが集団の喧噪の中にいた私に、雨の音自体は聞こえなかった。

その場に自分がいることが信じられなかった。

最初の山岳ステージ、最後から二番目の上りで、トップ選手と共に先頭集団にいたのだから。そこにはツール五連覇のミゲル・インデュラインや、彼の不屈のライバルで、スイスの超人気選手トニー・ロミンガー、そしてこのツールで新人賞を獲得したヤン・ウルリッヒがいた。ウルリッヒは翌年、総合優勝を手に入れる。のちにランスの宿敵となる前のことだ。その年チーム・ラボバンクに入って一年目の私は、総合上位をねらえる選手だと見られていた。表彰台に上るか、あるいは少なくとも一〇位以内につけるはずだと。スポンサーが満足するように、テレビや新聞、雑誌などに数多く露出しなければならず、私のような「労働者」的ライダーには大きなプレッシャーだった。その上、ツールが始まってから、今ひとつ気分が優れなかった。タイム的なロスはあまりないし、コンディションも悪くない。ツールの前まではいい結果も残した。しかし、何かが本調子でなかったのだ。

第七ステージの頂上に来るまでは。

例年のツールで、私は最初の主要山岳ステージで先頭集団にいたことはなかった。私はレースが進むにつれて調子が出てくるタイプのライダーで、いつもは序盤の山岳ステージを何とか切り抜けて、他の選手が疲れて集中力を欠いてきた後半、タイミングをねらってタイムを取り戻していた。

けれどもそのときは、雨と風の中、他のスター選手と共に先頭にいた。峠を下りて、もう一つ山を越えればゴールだ。その日に一〇位以内でゴールすれば、総合成績でも大きくタイムを奪えるチャンスだった。

　プロトンはスキーで滑降するように峠を下った。カーブでは信じられないような角度に自転車を傾け、嵐が路上に運んできた砂利の上を軽快に走り抜けた。ブレーキはもがいていた——ブレーキをかけたところで、ホイールのリムがあまりにもずぶ濡れだったため、ただ回転するリムから何秒間も水が絞り出されるだけだった。いずれにせよ、危険を承知で誰もあまりブレーキをかけようとはしなかった。ブレーキをかけて下りでタイムを奪われるより、次の上りで使う体力をなるべく温存しようとしたのだ。

　目の前にいたロミンガーの後輪まで、数センチもなかった。ロミンガーのタイヤから水が波しぶきのように私の目や顔じゅうにかかる。私は目を強くすばやくしばたかせ、鼻に入った水を出し、顔を背けて何度も何度も口から水を吐き出した。激しく回転するタイヤに砂利や石が跳ねて、時速八〇キロのスピードでぶつかってくる。自転車競技で最も危険で最高の瞬間だ。

　何て素晴らしい職業だ。

　こんなとんでもないことを仕事にできた私は、なんと幸運なのだろう。

　蛇がのたうつように、プロトンの列が大きく右に動いた。前方からやってきたその動きに私は従い、次の左カーブを攻めようと準備した。自転車を傾かせ、トラクションがかかることを祈りながら、濡れた路面でスリップしないように外側のペダルを全力で踏み込む。そのとき、ロミンガーがコントロールを失った。

ロミンガーの自転車は滑り、グリップを失い、右方向の路肩へ向かって後輪がぐらっと傾き始めた。私は反射的に自転車を右に向け、前輪が彼の自転車にぶつからないようにした。ロミンガーはいっそう大きく滑り、私もさらに右へ除けた。それは生き残るための純粋な本能的な行動だった。

ロミンガーは倒れなかった。

そして私も。

このすさまじいカーブを曲がりきるのだ。

トップ選手たちと、ゴールを越えるのだ。

砂利が見えた。

タイヤが通った瞬間、ぬらりとした砂利や小石が路面を滑り、私の自転車も一緒に横滑りした。道から外れてしまう。こんな危機的なシーンでよくあるように、すべてがスローモーションで、静止画像がコマ送りされるような感覚を覚えた。まだ解決策はある。大丈夫だ。車体をまっすぐに立て直し、サドルの後ろに腰を動かして、思い切りブレーキをかければいい。道から外れてしまうだろうが、スピードが落ちるからケガはしないだろう。またすぐレースに戻って、ゴール前には集団に追いつくことができるはずだ。

だが前輪が路肩にあった岩にぶつかった。自転車は大きく前にはね上がり、後輪が宙に舞った。スローモーションで、路肩にある高さ五〇センチほどの土留め壁が真下に見えた。それを越えたかと思うと、崖から落ちた。動きも重みも何も感じず、時間が止まってしまった。険しい崖に生えた木々の、はるか三〇メートル上の空中で、私は静止したような感覚に陥ったのだ。

考える時間はかなりあった。崖から落ちてしまった！

こいつはまずいぞ。一巻の終わりだ。

自転車競技史の本をひもとけば、一九九六年のツールの第七ステージは、偉大なチャンピオンが潰れたことで有名だ。

ミゲル・インデュラインは一九九一年からツールに連勝し、ランスと同じように、当時のロードレース界に君臨していた。「ビッグ・ミグ」と呼ばれた彼は、タイムトライアルであらゆる選手を打ち負かした。山岳ではランスのように瞬時にレースを揺さぶることはできなかったが、大きなギアでペダルをぐいぐい踏みこみ、大半のライバルを抜かして、クライマー選手が奪うタイムを最小限に抑えた。タイムトライアルで獲得した以上のタイムを失うことはなく、それが勝利への方程式だった。

私はインデュラインが好きだった。彼は物静かな大男で、これ見よがしな走りはせず、ただ勝ちを決めるライダーだった。

彼は、ランスや五勝をおさめたベルナール・イノー、エディ・メルクスのように強力な王者だった。同時にスペイン農家の息子であるという原点を決して忘れることはなかった。ツールでどれほど勝とうと、どんなに大金を稼ごうと、レースが終わればスポットライトから逃がれて、農業をやりたいといつも言っていた。実家があるビリャーバ村で、少年時代と同じように。そして実際にそうしたのだった。

インデュラインは勝利や成功や名声といった檻に、決してとらわれることがなかった。

インデュラインを好きだった理由にはもう一つある。それは彼が、ランスと私がやろうとしていたことを信じてくれた数少ない人間の一人だったからだ。

ツールで初優勝する前、まだトレーニングを重ねていた時期に、ランスはあるレースの前日にインデュラインに会っている。癌を克服した今、何をしているのかとインデュラインに訊かれ、ツールで勝つためのトレーニングをしているのだとランスは答えた。インデュラインはショックこそ受けなかったが、他の皆と同様、驚いた様子だったという。そのあと、同年のツールの優勝候補の予想をマスコミに訊かれたとき、インデュラインは、農夫が春先にその年の収穫の見通しを訊かれたときのように、しばらくじっと考えたあと、こう答えた。

「ランス・アームストロングだ」

私たちを信じる理由はまったくどこにもなかったはずだ。それにもかかわらず信じてくれたことに感謝している。

けれどもそれは、三年もあとの話だ。

一九九六年のツールでロズラン峠を越えるまで、プロトンは七日間、ひどい嵐と寒さの中を走り続けてきていた。リタイアした三〇名以上の中にはランスもいた。第六ステージで気分が悪くなり、痰を吐きながら、風邪をひいたとランスは考えた。数カ月後に診断されることになる癌が、このとき疑いようもなく身体をむしばんでいたこととは知らずに。

当時私のチーム・リーダーで、ランスが後年ツールで優勝したときに容赦ない追撃をしかけたアレックス・ツーレは、第七ステージで二度落車し、豪雨の中、血だらけの身体とずたずたのジャージでゴールした。インデュラインは落車こそしなかったが、もっとひどい事態が起きた。潰れたのだ。

インデュラインは冷たい雨のレースが苦手だった。その上、すでに五年もの間、王座に君臨し続けてきた。ツールに勝つために必要な、過酷なトレーニングを続けるには長い期間だ。それがすべて第七ステージで露呈した。

インデュラインは初めて弱さを見せ、猛烈なアタックをかける小柄なクライマーに追いつくことができなかった。ペダルストロークはバラバラで、表情は朦朧《もうろう》としていた。ある地点ではサポートカーから飲み物を懇願し、補給禁止地点でコーラを受け取った。完全に崩れるのを避けるために、二〇秒のペナルティ覚悟で。それでもインデュラインは首位から三分遅れでフィニッシュしたが、最後の上りでは猛烈なアタックについて行けず、何年も彼を見てきた者は、彼の時代が終わったことを感じた。インデュラインは、彼らしい控えめな調子で、「心は行けと言っていたが、脚がだめだと言っていた」とコメントしている。

一方、私はただ宙で止まっていた。

落下する前、オートバイに乗ったテレビのクルーがちょうど近くにいて、現場のシーンを撮影していた。後日、私もその映像を見た。もちろん何が起きたのか頭では理解していた。土留め壁を越えて落ち、断崖絶壁の下に消えたのだ。だが記憶の中では、私は宙で止まったままだった。

そこで長い間、下方の木をただ見つめていた。それ以外、別に何も考えなかった。どうやって身体を曲げて落ちようか、枝をつかむべきかどうか、脚から着地した方がいいか。そんなことはまったく頭に浮かばなかった。

ただ二つの世界の間で、空中に静止していたのだ。

トップ選手たちが山道を猛スピードで下り、アナウンサーが叫んでいる。「崖から峡谷に落ちたのはブリュニールです！　ああ、ヨハン！」

そして私は木の中にいた。樹木の間を落ちると同時に這い下りる格好で、青々とした葉や茶色の枝をかき分けながら、地面に向かって逆さまに登っていた。まわりは木のみずみずしい香りでいっぱいだった。次に覚えているのは、最後の何メートルだか何センチだか落ちて、木の外に出て地面に着地したときに、何だかまったくわからないが、何か硬いものに頭がぶつかったことだ。それは岩で、私は岩の上に落ちたのだった。目の前には急な斜面が広がっていた。

横には、私の自転車があった。

そこに自転車があることには別段、驚かなかった。三〇メートルも落下し、樹木を突き抜けたのにもかかわらず。崖から落ちたら、そこには自転車があるに決まっている、とでも言うように。とにかく、そこに自転車があったからなのか、まずレースに戻らなければ、と私は考えた。こう思ったのだ。生きているじゃないか。それなら最後まで走ろう、と。私は四つん這いになって崖を登り始めた。土や岩が下に崩れ落ち、低木が抜けた。私は傷を負った友を安全な場所に移すように自転車を抱えて運んだ。

映像の中の私は、痩せぎすの若者で、明るいオレンジ色のジャージを着ている。頭にはまだサイクリングキャップをかぶっていた。当時ヘルメットは着用しなかったのだ。私は何かに急いでいるように見える。命を失うかも知れないことにではなく、次の集団が来てしまうことを怖れているかのように。カメラが見下ろす光景には目がくらむようだ。チーム監督とメカニックの声が聞こえる。そこで止まるよう命じられていたチームカーには、たまたまチームオーナーが同乗しており、崖の上に私がたどり着いたとき、手をさしのべて引き上げてくれたのはオーナーだった。

崖の上にはエキがいた。自転車の横に立ち、私を待っていた。彼は当時、私のチームメイトで、その後ツールでランスをアシストし、今は私のチームで副監督をつとめているベテランだ。チームカーから誰かが下ろしたスペアバイクを手に押し込められ、私は何も考えずにそれにまたがり、エキと一緒に山道を下り始めた。

私たちは正気とは思えないようなスピードで下った。先頭集団にいたときよりも大胆に、無言のまま、ただ走った。崖から落ちたことに対する恐怖感はなく、まだその事実をとらえていなかった。ただ猛スピードで下り続けた。

その下りと次の最後の上りの間には、一〇キロほどの平坦な道がある。そこにさしかかったとき、エキはものすごい勢いでペダルを踏み、車両を引く機関車のように私を引いてくれた。私たちはサポートカーの合間を走り抜けた。それは集団に追いついたことを意味していた。目にもとまらぬ速さで車を追い越し、最後の上りにさしかかった。そして道が上向きになったとき、私は、自分の身に何が起きたかやっと理解した。

私は、崖から落ちたのだ。

崖から！

全身が初めて事態を把握したように、スイッチが切れたようになってしまった。それはまったく奇妙な感覚だった。危険の潜む下りでは、ブレーキを一度もかけることなくエキと猛烈なスピードで下り、集団に追いつこうと必死で全力をつくしてきたのに、スピードが落ちて目の前に集団がいる今になって、全身が抵抗している。私は最後の力をふりしぼり、何とかエキの横につくと言った。「行け。待たなくていい。もう限界だ」

ツールの長い歴史の中で、レース中に亡くなった選手は三名だけだ。ランスの元チームメイトで、一九九五年に落車事故で亡くなったファビオ・カサルテッリ。一九六七年、ヴァントゥー山の上りで心臓麻痺を起こし命を落とした英国人トム・シンプソン（のちにアンフェタミンの服用が原因と判明）。そして一九三五年にガリビエ峠で崖から落ちて死亡したスペイン人のフランチェスコ・セペダ。

四人目は私になっていたかも知れない。だがそうならなかったのは、なぜだろう。どうして生き残ったのだろう。一体何のために。ランスは、あのとき私が死んでいたら、ツールには一度だって勝てなかっただろうと言う。インデュライン時代の崩壊は、私が死んでいたら、あれほど大きく扱われることもなかっただろう。今度、何かに負けて、喪失感を覚えたときは、何かを本当に失うというのはどう言うことなのか、考えてみるといい。

一〇年後、トレーニング用のコースを確認するためにロズラン峠を通ったとき、私が崖から落ちた現場にチームカーを止めた。同乗していたのは、副監督のエキだった。

車を止め、しばらくそこに座ってエンジンの音を聞いた。路面に風が吹きつけて、木々の枝がそよいでいた。

エキが言った。「すごいスピードだったな」

「そうだったな」私は言った。あの日、最後の上りで八分タイムを奪われたが、棄権はしなかった。脚に焼けつくような痛みがあったが、無視した。翌日はインフルエンザにかかったあとのように身体中が痛んだ。その後、二日間走り続けたが、ペダルを踏むどころか歩くこともままならなくなり、リタイアした。脚全体が肉離れを起こしていたのだ。

私たちは車のドアを開けると、外に出て、崖の端まで歩いた。記憶の中より土留め壁は低く、斜面は険しかった。私たちはそこに立って下を見下ろし、遠くを見た。次に越える山と、山頂へと曲がりくねりながら続く細い道を。

二つの思い出がよみがえった。一つ目は笑い話だ。

ランスが最後に出場した二〇〇五年のツールで、私はこの場所に戻ったことがある。チームオーナーの一人、トム・ウィーゼルが一緒に車中にいて、私が落車したのはどこか、教えてほしいと言った。映像があったため、自転車ロードレースのファンの間で私の落車事故は語り草となっていたのだ。実際のケガは大したことがなかったが、事故のおかげで長い間、大きな注目を浴びることになった。事故の二週間後、完治した私がオリンピック出場のためアトランタ空港に降り立つと、テレビで崖から落ちた場面を見たという人たちが押しかけてきた。ランスはあの日の私のタフさが気に入ったと言っていた。それがチーム監督を選ぶとき、大きな要因になったのだと。

私は運転をしながら、トム・ウィーゼルに「ここです」と現場を指さし、ずっと宙で静止していた感覚について話した。しゃべりながらカーブを曲がると、そこに止まっていた車に思いきり衝突してしまった。金属同士がぶつかってこすれるいやな音がして、私たちの車のボンネットからは煙が出ていた。私は言った。「どうもこの場所とは相性が悪いようです」

二つ目の思い出は、一八歳のとき、北フランスでトレーニングを行なっていたときのことだ。当地の起伏のある道が好きだったし、ベルギーのアマチュアスター選手である以上の何かを目指すのなら、上りの練習をしなければならないとわかっていた。何時間も峠を上り下りして、限界ぎりぎりまでトレーニングを続けた。

下りはいつもできるだけ速く滑走した。下りのスリルや身体にあたる風や、飛ぶように自由な感覚が好きだったが、ただ楽しいからというよりは、早く次の上りに着きたかったのだ。私はうまくなりたかったし、次のレベルに到達したかった。スターに、チャンピオンになりたかった。

急峻な坂を下りる途中、雨が降りだした。私は自分の操作能力を信じ込み、ブレーキをかけずにコーナーを突き進んだ。若者らしく、怖いものなど何もなかった。あまりにもスピードが出ていたので、前方を走っていた大きな軍用トラックが、距離を縮めるにつれてものすごい速さで目の前に迫ってきた。私はトラックを避けようとして、外側に向きを変えた。

正面から車が来た。

まっすぐこちらに向かってくる。

思い切り急ブレーキをかけた。同時に右に腰ごと鋭く振って自転車を引っぱった衝動で、道の向こう側へ飛んだ。歩道をまるまる飛び越え、溝にどさりと落ちた。

気がつくと、目が開けられないのがわかった。「身体を引きずり出せ。助けろ」という声が聞こえる。

「ケガをしてるんだ！　動かさないでくれ」そう叫びたかった。けれども聞くこと以外、何もできなかった。

溝のまわりをどかどかと歩くブーツの靴音と、服や金属が擦れ合う音が聞こえた。さっきの軍用トラックが止まってくれたのだろう。兵士たちはどうやって私を助けようか話し合っていた。「その茂みから身体を引っ張り出せ。息をしているか確かめろ」

すると車のドアが閉まる音がして、誰かが走ってくる足音が聞こえた。前とは違う声が息を切らして言った。「私は医者だ。やめなさい。この男を動かしてはだめだ。触ってはいけない」

私は第一二胸椎を骨折し、折れた骨の一部がずれて神経に触れていたのだ。兵士たちが私を助けようと引っ張り出していたら、一生、麻痺状態になっていただろう。あるいは命を落としていたかも知れない。

その後二カ月間、車椅子の生活になったが、うつ状態にはならなかった。若かったからかも知れない。はやく自転車に戻りたいといらいらして、若者特有の傲慢さで、回復は当然だと考えていた。確かに回復はしたが、犠牲を伴った。骨がつくように背骨の横に金属プレートを埋め込み、一年後にプレートを取り出す手術をしなければならなかったのだ。脊椎のうち椎骨五個の動きが抑制されて、椎間板三つに一生ものの損傷をきたした。以来、現役時代も、今も、この痛みが消えたことはない。

このときの事故こそが、私のキャリアを終わらせたものだった。ずっと前に起きた、テレビに映ることもなかった、このただの事故が、私をランス・アームストロングの友人に、そしてチーム監督にさせたのだ。崖から劇的に落下したときではなく、溝に落ちたときのこのケガこそが、結局は私を打ち負かし、選手としてできなかった何かをチーム監督として達成させることになったのだ。

私とそこに立っていたエキが訊いた。「宙に静止したままっていうのは、どういう気分だったんだい」

私は答えた。「どうってことないさ。本当に、何でもないことだった」

1996年のツールで、カーブで滑り崖下30メートルに転落。崖をはい上がり、ステージを走り終える。その後、何よりも私を有名にした出来事。

第一四章　敗北より勝利の基盤をつくれ

少なくとも一日はマイヨ・ジョーヌを着なければならない。
それは象徴的な意味合いからではない。
何か目に見える証拠がほしかったのだ。
最も大事なものをまだこの手につかめるのだと。

一九九九年から、イエローカラーはチームの原動力となってきた。癌を克服して参加したツール・ド・フランスの初日、初めて黄色のマイヨ・ジョーヌに袖を通したときから、最後に出場した二〇〇五年のツール最終日に着たときまで、ランスはマイヨ・ジョーヌを合計八三日間、身につけたことになる（王者エディ・メルクスの九六日間につぐ第二位の記録だ）。途中、USポスタルサービスからディスカバリーチャンネルに主要スポンサーが変わり、その他のスポンサーカラーも反映させるため、ジャージの色は毎年、ブルーからグレー、さらにグリーンへと変わった。けれども、メカニック、スター選手、そして一人一人が思っていた。「イエロー」こそが私たちを象徴する色だと。

他のどのチームよりも、私たちは――とりわけ史上どの監督と比べても私は――マイヨ・ジョーヌのために計画を立てて、判断を下し、正確に言えばシーズンすべてを賭けてきた。しかし二〇〇六年、ランスの引退後初めての年には、シャンゼリゼの表彰台で総合優勝のマイヨ・ジョーヌを着る可能性はないだろうと考えていた。私のねらいは別のところにあった。

その年、我々のチームは特に苦戦していたわけではない。すでに三年前から、副監督のダークとショーンと共に、ランス引退後の過渡期に備えてチームを再編成しようと、実に際限なく全力を尽くしてきた。ありとあらゆるレースのスタートラインにいる選手を片端から調べ上げ、若手の選手に自己紹介をし、白髪まじりのベテランに話しかけた。ベテランの中には、私たちが現役だったころからの古株もいて、見込みがありそうなのは誰か教えてくれた。実際に見に行ったレースのビデオを分析して、行けなかった分はインターネットの動画を目が痛くなるまで見続けた。私の「ブラックベリー」は、昔の映画に出てくるテレックスのようにメールを受信し続けた。

スカウトの目標は二つ設定した。それぞれまったく違う道をたどるゴールだが、両方を同時に行ないたかった。

一つ目の目標は、ツールに君臨できるような、ランスの代わりになる選手を探すことで、最も直接的な解決策だった。トップレベルの選手はたくさんいた。フロイド・ランディス、リーヴァイ・ライプハイマー、アレクサンドル・ヴィノクロフ、アレハンドロ・バルベルデ、アンドレアス・クローデンなど、ランスが引退した今、いずれも表彰台をねらえる選手だ。

だがチームには、すでに同じレベルの選手がいた。二〇〇五年のジロ・デ・イタリアで優勝したパオロ・サヴォルデッリ、二〇〇五年のツールでランスをサポートし、新人賞を獲得したヤロスラフ・ポポヴィッチ、二〇〇四年のツールの山岳ステージでランスを堅固にアシストしながらも五位にまでつけたホセ・アゼベド。さらに我らが果敢な大黒柱のジョージ・ヒンカピー。当初はスプリンターだったが、ランスの右腕となり、ランスが最後に出場したツールでは自らも山岳ステージでステージ優勝をおさめたライダーだ。

問題は、ツール優勝となると、我々のチームの選手を含めたいずれの選手も、その勝率は「おそらく」というレベルだったという点だ。たった一つのレースに向けて、一人の選手だけを基盤にチームをつくるとなると、不動のチーム・リーダーが必要となる。ちょっとした風邪をひいたり、トレーニング中、通りがかった車のせいで事故に遭ったりすることが、一年分の努力を台無しにするような競技なのだから。

ランスの引退後、トップの中のトップに立つ選手は世界でただ一人しかいなかった。そしてその選手は、いわば地雷原の真ん中にいた。

それは、二〇〇五年のツールの山岳ステージで唯一ランスについてくることができ、総合二位につけた二七歳のイヴァン・バッソだ。身長一八三センチ、体重わずか六八キロ。この端正なイタリア人選手は、総合成績でじりじりと安定した成長を見せていた。二〇〇二年は一一位（新人賞ジャージを獲得）、二〇〇三年は七位、二〇〇四年は三位（山岳ステージではランスを抜いてステージ優勝）。二〇〇五年に膵臓癌で母親を亡くしたバッソは「リブストロング」の黄色いリストバンドをしてレースを走った（「リブストロング」は癌患者支援のためにランスが興した寄付活動の一環。七〇〇〇万ドルを超える寄付金が集まっている）。

バッソはランスにも私にも好意を持ってくれていたが、所属チームCSCとの契約期間中だった。運が悪かった、と思っていたが、後日その反対だったことがわかる。二〇〇六年夏、バッソは世間を騒がせたドーピング捜査「オペラシオン・プエルト」に巻き込まれたのだ。スペイン警察当局は、医師のエウフェミアノ・フエンテスの仕事場を強制捜査し、日記やメモ、血液の入った袋やその他の証拠をしらみ潰しに調べ、競技能力を高める違法薬物の使用や血液ドーピングがなかったか調査した。対象は二〇〇名のプロスポーツ選手で、そのうち五〇名ほどが自転車レース選手だと噂された。捜査線上に浮かんだバッソと他八名の選手は、その年のツール参加禁止処分を受けた。私は自転車競技界のために驚きと悲しみを禁じ得なかったし、処分が公正だとは思えなかった（選手の何名かは、のちに潔白だったことが判明している）。

一方で、認めたくはなかったが、ほっと胸をなでおろしたのも事実だった。まるで、乗せてもらう予定だった友人の車にたまたま乗り損ねたところ、その車が事故に遭ったと聞いたときのように。バッソは無実だと主張し続けたが、真実がどうであれ、二〇〇六年のツールには参加できないというのが冷酷な現実だった。もしバッソと契約をして、彼中心のチームづくりをしていたら、大変な事態になっていただろう。

スカウトの二つ目の目標は、ランス引退後の一年目にはツールに勝てるような選手と契約できないことを前提にした。そしてその判断は正しかった。

私たちに必要だったのは、ツールだけに集中するのではなく、一年中、世界各国で行なわれるすべてのレースで好成績を残せる選手だった。再編成の間、何らかの形で勝ち続けることが大事だった。勝者はいつも勝ち続けることに慣れるのが大切だ。たとえスケールの違いがあろうとも。ランスがいたときと同じような体制で続けて、ツール優勝だけにゴールを設定してしまえば、それを達成できずに負けることに慣れてしまうか、あるいは落胆が大きすぎて、勝てるはずのときにも勝ち方を知らないようなチームになり果てるだろう。ツール優勝だけをねらって、ランスを中心につくりあげてきたチーム体制も前提も、ランス本人と、彼を支えるアシスト陣がいなければ効果がない。

私たちは、最もめざましい活躍が期待できそうな若手選手と契約した。プロサイクリング界では大きな尊敬を集めるようなやり方だった一方、メジャーなマスコミではあまり報道されないような形だったが、その賭けは功を奏した。

ロシア国内チャンピオンの若手ウラジミール・グセフは、二三歳にして山岳賞を獲得し、二三歳以下カテゴリーの世界タイムトライアル・チャンピオン、ヤネス・ブライコヴィッチは、二二歳にしてツール・ド・ジョージアで総合優勝を手にした（同時に新人賞も獲得）。

一方、ダークホース的な才能も発掘した。インスピレーションに任せた、他のどのチームも試そうとはしないような方法で、結果は未知数だった。日本の別府史之選手と二〇〇五年に契約を結んだのだ。別府はヨーロッパでは数少ないアジア圏からの若手選手で、日本随一のトップレベルの選手だ。

もちろん、その一流の才能を見込んでの人選だったが、真新しい人材を発掘するためだけでなく、新たなファン層をつかむこともできると考えてのことだった。その考えは正しかった。別府は、日本ではロックスター的な存在で、チームのウェブサイトに彼のビデオを初めて載せたところ、アクセス数が多すぎてサーバーがクラッシュしてしまったほどだった。他にも、中国人で初めて、この世界でトップに上り詰めた李富玉とも契約を結んだ。

私たちはツール・ド・フランス史上、最も偉大なレーサーを失ったにもかかわらず、大方のチームなら十分満足のいくようなシーズンを送っていた。さらに、ツールではジョージやサヴォルデッリ、ポポヴィッチ、アゼベドが表彰台に上る可能性があり、ステージ優勝もいくつかねらえるだろうと考えた。

だがそれ以上の何かが必要だとわかっていた。それはあの黄色いジャージ《マイヨ・ジョーヌ》だ。

ゴールのパリについた時点では、マイヨ・ジョーヌは私たちの手にないだろう。それでも、少なくとも一日は身につけなければならない。それは象徴的な意味合いからではない。何か目に見える証拠がほしかったのだ。最も大切なものをまだこの手につかめるのだと。自転車競技界で最も神聖なトロフィーに手が届かないところまで落ちてはいないのだと。

ランスがあまりにも何度も手にしたので、私たちは「マイヨ・ジョーヌ・マジック」を、やや当然だと考えていたところがあったが、プロ選手の大半にとって、この黄色いジャージを着る一日はまさに一生の晴れ舞台なのだ。一度身につければ、選び抜かれた選手のリストに永遠に名を連ねることになる。それは自分のアイデンティティの一部になり、博士号のように、いったん取得すれば消えることはない。何物にも代え難い、尊い永遠の贈り物なのだ。マイヨ・ジョーヌがほしい。私は、ジョージがプロローグで手に入れてくれるかも知れない、と考えていた。

この年のプロローグは、曲がり角の多いストラスブールの市街を走る、七キロの平坦区間でのタイムトライアルだった。いわゆるテクニカルコースであり、ブレーキと加速が多いため、タイムトライアルに強い選手より、すぐに大きなパワーを出せる選手が優勢だろうと思われた。たくさんのカーブや曲がり角があり、道幅が狭いため、何時間もずっとハンドルバーをつかみ、前屈していられるようなタイプよりは、卓抜なハンドルさばきの選手が有利になるだろう。

プロローグ当日の朝。太陽の光がティーボリ広場に照りつけきらめいていた。暑くも寒くもなく、レースには完璧な気温だ。風速一〇キロ弱の風は、追い風となって選手を押してくれることもあるだろう。一方、いくつかの曲がり角を越えた最後の何キロかでは向かい風になって顔に吹きつけてくるはずだ。

「ジョージ、八分だ。八分間、全力で行けば、イエローだぞ」

ジョージ・ヒンカピーはうなずいた。角張った痩身が自転車からはみ出すようにつき出ていた。

「イエローだ」私は一言そう言った。

タイムトライアルは、総合成績で最下位の選手から一定の間隔をおいて順にスタートする（通常は一分間隔）。プロローグの場合、まだ総合成績が出ていないので、前年最下位だった選手から始める。ジョージが最後にスタートすることになり、私たちには大きなプラスだった。ジョージが走り出す時点ですでに他の選手のタイムがある程度わかっているため、どれぐらいのスピードで走れば勝てるのか判断できる。

プロローグ開始の二時間後、風が吹き始め、ゴミや紙くずが市街に舞う中、ノルウェー人のスプリンター選手トル・フースホフトが八分一七秒という最高タイムを打ち出した。時速五一・五キロだ。フースホフトがゴールを決めた三分後、ジョージがスタートを切った。監督やコーチ、トップライダーや専門家は、勝つには七分五〇秒というタイムが必要だと言っていた。この風ではそれは難しい。よくても八分一五秒といったところだろう。

タイムトライアルでは無線をいつもと違った設定にしていた。簡素化をはかり、私からの声が聞こえるのみで、選手からは発信できないようにした。私はトレードマークとなっている、冷静かつ緊迫感あふれる調子で無線に向かって話し続けた。

「行け、ジョージ。ここでブレーキをかけて飛び出せ。どんどん行くんだ。八分だ、ジョージ。全力で行け。回せ、回せ、イエローだ、イエローだ。行け、行け、行くんだ、行くんだ。左折だ、スピードを落とせ」

ジョージは大きなギアで踏み込み、過酷なレースのときはいつもそうするように、舌を横に出して走った。ジョージは全力を尽くしていた。私と同じぐらい「イエロー」がほしかったのだ。あるいはもっとかも知れない。ツール史上、マイヨ・ジョーヌを手にしたアメリカ人選手は三人しかいない。ランスとデイブ・ザブリスキー、そして三勝のグレッグ・レモンだ。ジョージは四人目に名を連ねようとねらっていた。コースの各ポイントで、風にもかかわらずフースホフトのタイムに追いついた。最後の直線コースに入り、観衆が送る大歓声に包まれる。ジョージはフィニッシュラインを越えた。最後の最後にタイムを少しでも縮められるよう、自転車を前方に思い切り押し出すようにして。

〇・七三秒とは、どれぐらいの時間なのか、想像できる人がいるだろうか。指を鳴らすぐらいか、それとも、まさに瞬きする一瞬なのか。私たちにとって、それは深い峡谷のようだった。ジョージは〇・七三秒遅れで、マイヨ・ジョーヌを逃がしたのだ。

「イエロー」は、はるか一〇〇万キロも向こうに感じられた。次はスプリンター向けのステージで、フースホフトは生粋のスプリンターだった。長く平坦な道が続き、幅の広い道路でフィニッシュとなる。もつれ合うように走るスプリンターが、ぶつかり合って、自らを投げつけるように時速六五～七〇キロで走る。ジョージには、総合で表彰台に上れる可能性があったため、その乱戦に巻き込まれる危険を冒したくなかった。

このステージには、途中のサヴェルヌ、プロブスハイム、ケールという町にそれぞれ中間スプリントポイントが設けられていた。スプリントに勝ったライダーは、ポイント賞総合首位に与えられる緑のジャージ、マイヨ・ヴェールをねらうことができる。上位三名にはそれぞれ六秒、四秒、二秒のタイムボーナスが与えられる。

「フースホフトがタイムボーナスを君に譲るはずがない。チームを全力で行かせるか、逃げ集団に取らせるかだ。私たちに奪われないように」その晩の夕食時に、そうジョージに言った。

「わかってる」ジョージが言った。

「だが万が一の場合は、いいな」

「ああ」ジョージは答えた。

予想通り、フースホフトを擁するクレディアグリコル勢は、ステージ序盤で早期に逃げ集団を見送った。スタート地点のストラスブールから三キロ地点で、三名の選手がアタックを決めて逃げ切り、すぐに四名の選手がその逃げ集団に入った。それは周到なやり方だった。普通はアタックが五〇キロほど続き、総合リーダーを擁するチームが追撃してから、プロトンが許すような逃げ集団が形成される。

このとき逃げ集団にいたのは、タイムボーナスを稼いでフースホフトに近づき、マイヨ・ジョーヌを奪えるような選手ではなかった。あるいはリードを確保できる「列車型」の選手でも、残りの一七〇キロ集団の先頭にいつづけられる巧妙な逃げのスペシャリストでもない。フースホフトらクレディアグリコル勢は、逃げ集団のリードを五分ぐらいに抑えられると確信していた。タイムボーナスを逃げ集団に取らせながら、フィニッシュ前には追いつけるほど近くにいることができると。

集団の先頭は緑のジャージのクレディアグリコル勢になった。フースホフトの黄色いジャージがその中心から歌うように輝いている。彼らは逃げ集団との差を四、五分に保ちながら、集団からさらなる逃げが起きないように、十分なスピードで集団を引いた。

珍しく穏やかなステージで、からりと晴れた気持ちのいい日だった。ツールの序盤では、あまり危険な要素はない。普通だったらその穏やかさや、風景の美しさ、前方に曲がりくねりながら続くカラフルな集団、道路脇でピクニックしながら見物する家族連れの応援を楽しんだかも知れない。しかしその日の私は、気を配り、警戒していた。

スタートから五〇キロ地点あたりで、コースの横を走る自転車用道路を数名のアマチュアサイクリストが懸命に漕いでいるのが見えた。肩を上下に揺らして、息を切らし、自転車に寄りかかるようにして乗っている。一方、集団の選手は何か会話をしながら、ときには笑い、他の選手の肩に手をかけている者もいた。水を飲み、あるいは何かを食べ、筋肉をほぐすように首を回している者もいた。アマチュアサイクリストは後方に消え、集団はスムーズに走り続けた。

逃げ集団が最初のスプリントポイントを通過した。エキのホイール交換のため、私たちは道路脇にチームカーを寄せた。ペースがあまりにもゆったりしていたので、私はチームカーから出て彼の自転車を押し、車に戻って再び集団の後ろにつけた。エキを手伝ったとき、向かい風が吹いていた。長い間の習慣とトレーニングのおかげで、このステージで気づいたもう一つの点だ。記憶をよみがえらせてみる限り、おそらくあまり関係ない要素だとは思うのだが。いつでも自動的に細部をチェックする、それが私だ。

二番目のスプリントポイントを通過した。集団の後ろでコカコーラの缶が渡された。ケスデパーニュ勢が先頭に動いて、クレディアグリコル勢に並び、ペースが上がった。

「ジョージ」私は注意を促した。

「気づいたよ」答えたジョージは、すでに様子を見に前方に動いていた。スプリンターが集団にはまったままのチームが、我慢できずに逃げ集団を押し戻そうとしたのかも知れない。フィールドスプリントでステージ優勝ができるように。クイックステップ勢の選手が先頭に行き、チームミルラム、ダヴィタモン・ロット、そしてクレディアグリコルが寄せた。ペースがぐんと上がり、数キロで先頭の逃げ集団との差が見る見るうちに一分強に縮まる。そして道が曲がり――追い風だ！

差はいよいよ縮まるはずだ。

「最後のスプリントポイントの前につかまえよう」無線に向かって命じた。

あと五キロのスプリントポイント地点まで、四〇秒。二八秒。二〇秒。

逃げ集団からワルテール・ベネトーがアタックを決め、長い距離を共に逃げてきた他の六名を落として、先頭についた。残った逃げ集団は、打ち寄せる波に壊された砂の城のように集団に吸収された。ベネトーは風除け効果をねらってオートバイの群れの中を巧妙に縫うようにして走った。うまい手口だ。ベネトーにならスプリントボーナスの一位を取られても構わない。そうすればフースホフトが勝つチャンスが低くなる。必要なのはあとの二つ、四秒か二秒のボーナスポイントだ。どちらかをジョージが手に入れれば、フースホフトを抜いてマイヨ・ジョーヌを手にすることができる。

ベネトーがスプリント地点を越えたちょうどそのとき、集団が裏返しになった。いつもながら、美しくも残酷な瞬間だ。前方でさまざまな色が飛び交い、集団の真ん中が割れたかと思うと、そこから選手が飛び出して道幅いっぱいに広がる。後方では新しいグループをつくろうとする選手で内側に向かって集団が崩壊しているかのように見える。クレディアグリコルがタイムボーナスを盗ろうとうかがっている。ジョージがいて、選手の群がいる。太陽でスポークがきらりと光る。このケールというささやかな町で、歩道からあふれて、窓から身を乗り出し、車や台の上に立った人々が、皆口々に叫んでいる。

ジョージはスプリント地点を三位で通過し、二秒のボーナスタイムを確保した。「イエロー」を手にしたのだ。

いわゆる「暫定マイヨ・ジョーヌ」だった。今終われば、ジョージが総合リーダーだが、レースはまだ終わっていない。ゴールまであと八キロだ。フースホフトが最後にスプリントをかけて三位以内につけば、ゴールのタイムボーナスでマイヨ・ジョーヌは、フースホフトの手に戻ってしまう。以前、ジョージは生粋のスプリンターだった。時速七〇キロで肘や頭でこづき合い、ホイールがぶつかり合うような乱戦には慣れているし、そういった押し合いが好きだった。「暫定」ではなく「本物」のマイヨ・ジョーヌを獲得するため、混戦のスプリントに入ることもできるだろう。おそらく彼ならやれる。

スプリンターのチームが先頭に動き、ペースを上げた。スピードがあまりにも速いため、通り過ぎるときにびゅっと音がする。集団全体が苦闘とスピードでつくられた列を形成し、フースホフトや、元世界チャンピオンのオスカー・フレイレ、トム・ボーネン、ジミー・カスペールが先頭一〇名の中にいた。互いに激しくぶつかり合いながら。

マイヨ・ジョーヌを守るために、この危険きわまりない集団スプリントにジョージを参加させるべきか、今日は奪わせておいて、あとでもっと安全なチャンスを待つべきか。

「ジョージ。今日はスプリントに入るな」私は命じた。

最後の直線コースは動物園の狂暴な動物を抑えるかのように鉄柵で縁取られていた。腕を柵の外に突き出して、旗を振り回し、緑の「ビッグハンド」（巨大な手のオブジェ）を振り、応援のクラッパーやカウベルを騒々しく叩く大観衆。たくさんの旗でろくに前が見えない中、自らのステージ優勝へ向けて集団が押し寄せる。ボーネン、カスペール、ロビー・マキュアン、エリック・ツァベルら、スプリンターが勢いよく前に出た。そして、私たちのマイヨ・ジョーヌを着た、フースホフトが。

そのフースホフトが落車した。瞬間、何かを避けようとする独特の波のような動きが集団に起きた。その中にはフースホフトが横たわっていた。黒々とした路面に倒れた黄色いジャージに、深紅の血がほとばしる。黄色のジャージは見る見るうちに真っ赤に染まり、マイヨ・ジョーヌは私たちのものになった。

その犠牲になったのは何か。

それはまったく皮肉な出来事だった。先頭につけようとしたフースホフトは道路脇の鉄柵に近づきすぎてしまい、ファンが振り回す「ビッグハンド」が腕に当たって、長さ五センチほどの浅い切り傷を負ったのだ。紙で切ったときにできる程度のかすり傷だったが、スプリンターの心拍数はあまりにも高いため、小さな傷でもまるで間欠泉のように血が吹き上がる。あざができ、恐怖感には襲われたが、フースホフトは無事だった。

「やったぞ！」ゴールについたジョージを見て、私は叫び、抱き締めた。「よくやった！　よくやった！　よくやった！」

マイヨ・ジョーヌは翌日、私たちの手から去った。最後のスプリント混戦に表彰台候補を巻き込みたくなかったためだ。そして一〇ステージが過ぎ、最初の重要な山岳ステージのピレネー山脈に入ったとき、表彰台への希望は消えた。二〇〇〇年のジュープランでのランスと同じように、ジョージがハンガーノックを起こして潰れ、二一分以上タイムを失ったのだ。ベストクライマーのアゼベドは、総合リーダーに四分一〇秒、ポポヴィッチは六分二五秒遅れた。サヴォルデッリは下りで落車し、一五針縫う傷を負い、二〇分のタイムを奪われた。我々のチームが経験した最悪の一日となった。

それまでの八三回のマイヨ・ジョーヌに対して、たった一日マイヨ・ジョーヌを着たことに、どんな意味があったのか。

それには、はかり知れない意味がある。

最もつらかった年に、イエローカラーは何かを息づかせてくれた。それを与えてくれたのは、運命のビッグハンドか、スプリント地点の巧みなタイムボーナスだったのか。それともエキを助けたときに風に気づいた事実だったのかはわからない。

一日限りのマイヨ・ジョーヌは、ツール成功に必要な——地上で最も偉大なレースの「勝者」になるために必要な——すべての要素の賜物だった。たとえ勝利が手に入らないとわかっていたとしても。

2007 年ツールで表彰台に上るわがチーム。歓喜と満足感と、チームとしてできることはすべてやりきったという、達成感にあふれた日。

第3部

そして次の栄光へ

第一五章　夢を叶えるために

もう過去のことだ。
負けたという事実は変えられない。
でも勝利は私たちを待っているんだ。
それを手にする方法がわかるまで、
勝利は逃げたりしない。

一月中旬に行なう、その年初めてのトレーニング合宿の雰囲気は、「希望」というよりは、「明るく前向きな」という言葉がふさわしい。これからシーズンが始まるのだ。全力をつくして、十分に作戦を練って犠牲を払えば、勝利をつかむことができる。
最初の数日間、チーム全員が顔を合わせ、いつもの一〇時のグループ走行練習の前に駐車場でストレッチをしているとき、これから何かに、あるいはすべてに勝てるような気分がする。

自転車は新品で、まだ洗濯もしていない新品のジャージは、包装のビニール袋の匂いがするものもある。峠を上るときサドルから腰を跳ねるように上げる選手や、スプリント練習の押し合いに、独特のばねのような動きが見られる。まだ何の勝ちも手にしていないが、勝者になる可能性は無限だ。トレーニング合宿の持つこういった雰囲気や情熱や可能性が私はたまらなく好きだ。

カリフォルニアのソルバングでの合宿は二〇〇七年で五年目を迎えた。この小さな街を選んだのには理由がいくつかある。ソルバングはスカンジナビア風の雰囲気にあふれた観光地で、ヨーロッパ出身の選手は懐かしい気分にひたれる。あたりを囲むサンタイネズ・バレーには起伏の激しい道や平坦で楽な道がある。レストランは、夕食を食べたあとに腹痛や消化不良を起こして翌日のトレーニングに影響するような、流行を意識した一風変わった料理ではなく、バラエティ豊かなおいしいメニューを出してくれる。

一番よかった点は、チームごと、しばらくそこに根を下ろしたような気分になれたことだ。毎年泊まるロイヤル・スカンジナビアン・インでは、裏の駐車場にチームトラックとワークスタンドを設置して、一日中メカニックが手際よく作業をする。三〇台以上の新しいロードバイクやタイムトライアル用バイクを微調整し、新品の軽量タイヤをカーボンホイールにつけるため、頭痛がするような臭いの接着剤を何層も塗る。ソワニエやアシスタントは一週間分のエナジーバーやエナジージェル、ウォーター・ボトル、エナジードリンク、炭酸飲料、補給食でいっぱいの箱を揃えて出す。それはまるで、食料品店が駐車場で店開きをしたような光景だ。

チームの集合写真は、いつでも美しい景観のアリサルリバー・ゴルフコースで撮ることにしているので、貴重なトレーニングの時間を犠牲にして写真うつりのいい場所を探しにまわらなくてもいい。すでに地図などで確認済みの、三二キロや六四キロのループコース、あるいは全日コースの練習を行なう。何年も来ているベテランの場合は、暗記しているようなコースだ。合宿も五年目になり、ソルバングの住民も慣れてきたようだった。肩を組んで写真を撮りたいとカメラを持ち、ポスターや帽子にサインをとペンを差し出すファンの群れが毎朝必ずいたし、走行練習中、静かに後ろについて走る熱烈なアマチュアサイクリストもいたが、一度も度を超していると感じたことはなかった。

二〇〇七年、我々のチームには一五カ国から集まった二八名の選手がいた。このような構成の場合、トレーニング合宿はなるべく決まった手順を踏むことが大切だ。ベテランには、お気に入りのジーンズをはくときのような、しっくりした気分になってほしかった。新人にも、他の選手がリラックスしているのを見て、同じように感じてほしかった。

その新人の中に、あまりにもリラックスして自信にあふれていたので、つかみどころのない選手が一人いた。

このトレーニング合宿のしきたりとして、監督・副監督陣——ダーク、ショーン、エキ、私——が、宿泊先のホテルの人目につかない静かな場所で開く、選手との個別ミーティングがあった。

冬の間、私が作成した各選手のスケジュールを見て副監督が意見を出し、レースや選手の振り当ての修正を施し、文字どおり何百時間もかけた話し合いを経て、ようやく一人一人のそのシーズンのスケジュールが決まる。スケジュールは、単にレース名だけを連ねたものではない。あるレースでは優勝を期待しているとか、三位以内をねらうようにとか、優勝候補のチームメイトのアシストをするように指示する。あるいは、タイムトライアルや相次ぐ山岳ステージを切り抜けられるようにするなど、総合的なトレーニング計画の一環として出場させるのだ。

二〇〇七年一月の時点で、たとえばジョージ・ヒンカピーの場合はこうだった。二月にツアー・オブ・カリフォルニアにアシストとして出て、ステージ優勝を一つねらい、次に三月中旬のパリ〜ニースでアシストをつとめる。パリ〜ニースは、三月下旬のミラノ〜サンレモで優勝か三位以内には食い込む可能性があることを前提にした。その前哨戦としての出場だ。四月初めには、ベルギーのデ・パンネ三日間レースに参加し、ジョージにとってシーズンの中心となるパヴェ（石畳）のレースに慣れさせる。デ・パンネ終了のわずか三日後に始まるツール・デ・フランドル、四月一一日のヘント〜ウェヴェルヘム、そして四日後のパリ〜ルーベの、三大クラシックに出場するからだ。これらの過酷なレースのあと、六月にフランスで行なわれる八日間のドーフィネ・リベレまで五月いっぱいは体力の回復につとめる。ドーフィネ・リベレは、ジョージが第一のアシストとして頼られることになる七月のツールのまたとない前哨戦だ。またクラシックでは、タフなオーストラリア人選手のマット・ホワイト、リトアニアの勇猛なトーマス・ヴァイクス、ベルギーのステイン・デヴォルデル、スペインのベンジャミン・ノバルが支えてくれる。ノバルは最も過酷なワンデーレースでも、誰にも止められない機関車のように安定した走りを見せる選手だ。

これは自転車ロードレース界では例のない綿密な計画だ。スケジュールを立てるときは、頭がぼうっとし、絶えず悩み続け、コンピュータでの作業で指や目が痛み、コンピュータがクラッシュする。それでも、そのすべての瞬間に大切な意味がある。

一九九九〜二〇〇五年の間は、ランスの七連覇を支えることが選手全員にとって重要な仕事だった。ツールで優勝できないとわかっていた二〇〇六年は、グランツールすべてにおけるステージ優勝、ツールでのマイヨ・ジョーヌ、さらに全部で二〇回の優勝を手にしたことに救われた。

二〇〇七年、私は再びツール・ド・フランスで優勝できるだろうと確信していた。七月には、長い間ずっと私たちの居場所だった表彰台の一番上に立つことができるだろうと。七月までにはまだ半年あり、ある二四歳の若者に出会う直前だった。そして、その若者はパリで何が起きるべきか、自分自身の考えを持っていた。

　アルベルト・コンタドールは、もの静かで華奢なスペイン人選手で、ソルバングのトレーニング合宿が始まる直前にチームに入った。個別ミーティングのために部屋に入ってきた彼は、座るなり言った。「はじめのレースは、パリ〜ニースを希望しています」

「それはよかった。もうスケジュールに入れてあるぞ」私は答えた。

　アルベルトはうなずき、世界最高の強豪チームにほとんどルーキーとして入ってきた者として、当然のセリフだとでもいうようにこう言った。「もちろん、勝つつもりです」


　初めてアルベルト・コンタドールを見たのは、スペインのブルゴスの山頂ゴールの手前で彼が先頭グループからだし抜けに落ちてしまったときだった。

　それは二〇〇二年のことで、私は若手のスカウトに来ていて、上位の選手を見ていた。猛スピードで通り過ぎ、汗をかき、犬の群れのようにぶつかり合う選手たちを尻目に、有望なのは誰か見極めて分析しようとしていた。それ以上に大切なのは、あの定義が難しい特徴を持ちあわせているのは誰かということだ。作物がいつ熟れどきか判断する農夫や、つぼみがいつ開くか見極めようとする花屋のように、誰が偉大な選手になる可能性を秘めているか見ていたのだ。目の前をトップの選手たちが通り過ぎる。皆、素晴らしいスピードとパワーを備え、数限りない栄冠を手にするだろうライダーがほとんどだ。私はいくつか頭のメモに書き留めた。

ふと、ムチのように細身の姿が視界に入った。先頭の選手を追う車の間を縫うようにして走っている。おそらく、少し前にパンクか何かのトラブルが起き、遅れを取り戻そうとしているのだろう。車を一台追い抜いたかと思うと、次の車の後ろに楽々とつける。まるで自転車ではなくオートバイに乗っているようだった。私の目を捕らえたのはそのスピードだけではなかった。その選手には、一種の芸術的な美しい流れがあった。

ムチのように細いという第一印象は、その後もずっと記憶に残った。いろいろな意味で、彼はムチのようだったからだ。細身で動きが速く、あまりにも速いため、目が捕らえるのは難しいが、動きが優雅なのだ。

それが、副監督のダークが何度もスカウト報告で注目するようにと言っていた、アルベルト・コンタドールだった。アルベルトは当時まだ一九歳だったが、その一八〇センチ、五九キロの身体は、年を重ねても変わらないだろうと考えた。乗り方を少し直せば筋肉はつくだろうが、脂肪は絶対つかないだろう。それは四肢の構造や肩幅の狭さや、細長い筋肉のつき方から見て取れた。

もちろん彼のような若手はたくさんいた。ヨーロッパは、爆発的なパワーにみなぎる一〇代の少年であふれていた。彼らにはヨーロッパの自転車競技界で「スープレス」（フランス語でペダリングのしなやかさのこと）や「スプレッツァットゥラ」（イタリア語できわめて難しいことを楽に見せること）と呼ばれる、希有なのびやかさがあった。そういう選手を発掘するのはいつも胸が躍るような経験だったが、結局は落胆に終わることも多かった。彼らは美しいだけでなく、脆弱でもあり、トップレベルで連日激しいレースを続ける精神的、身体的な強さを持ち合わせていないのだ。この年齢の時点で、将来、素晴らしい才能を開花させられるのは誰なのか、正確に判断する方法はなかった。

ゴールで私は、アルベルトに自己紹介をした。祝いの言葉を言っただけで、別に大した話はしなかったし、今となっては二人とも何を話したのかはっきり覚えていない。彼の目が大きく見開かれるのを見て、私に会えて感激してくれていることがわかった。私のチームは、当時すでにツールで三連覇していたからだろう。それを顔に出さないように、そして同時に敬意を持って接しようとしているのがわかった。額の汗をぬぐうグローブをはめた手の動きや、足をペダルからはずす様子などに、何とも言えないある種のやわらかさがあった。

その後、レースで会う度に話し、挨拶をして親交を深めるうちに、彼の人生には確かにやわらかな優しさがあるのがわかった。他の選手なら恥ずかしくて口に出さないようなことかも知れないが、アルベルトは臆さず話してくれた。たとえばこんな話だ。両親と住んでいるスペインのピント市で、学校から帰ると、いつも家のバルコニーに駆け出て口笛を吹いたという。すると鳩がバルコニーの手すりや彼の手に止まり、餌をせがんで鳴くのだと。

未来のツール・ド・フランスのチャンピオンになれる才能を、彼は持ち合わせていた。そしてランスの引退後、そのあとを継ぐ可能性も。しかし誰も、彼自身さえも、おとなしくて礼儀正しく、驚くほど痩せぎすで鳩に餌をやるような男が、タフさを持ち合わせているかどうかはわからなかった。

二〇〇四年五月一二日、その答えが出た。スペインで開かれたブエルタ・ア・アストリアスというレースで、冷たい雨の降る中、第一ステージを走行中のことだ。スタートから三〇キロも行かない地点で、集団の先頭でチームメイトと話していたアルベルトが、突然、白目を剥き、手足を痙攣させた。足はそのまま本能的にペダルを回し続けたが、頭は大きく左右にがくんと折れ、彼は自転車もろとも倒れた。

救急車で病院にかつぎこまれたアルベルトに下された診断は、芳しいものではなかった。先天性の血管腫が脳を冒し、脳内出血を起こしたのだ。危険度の高い、長時間の緊急手術で血管腫は取り除かれた。アルベルトは手術の間ずっと、ツールで走っている夢を見たという。病院の回復室で目を覚ました彼は、夢でどんな気分だったのか、自転車レースへの思いがどんなに深く大きいか、すぐに両親に説明したいと思った。しかし、彼の脳は手術の影響を受けており、きちんと話すことができるようになるまで時間がかかった。話せるようになっても、そのときの素晴らしい感情を表す言葉は見つからず、最もシンプルなフレーズしか言えなかった。使い古された決まり文句だったが、一命を取りとめた彼には新しい響きを持った言葉だ。それが母親への最初の言葉、「意志あるところに道あり」だった。

アルベルトの母親は、それが競技に復帰することだとすぐに悟り、泣き崩れた。

我々のチームは、パリ～ニースで一度も勝ったことがなかった。パリ～ニースは全長一二五五キロ、合計七ステージのレースで、パリから南仏の海岸の町ニースまで、まっすぐフランスを縦断するコースだ。ヨーロッパ以外では知名度も低く、あまり詳しくないファンなら聞いたこともほとんどないだろう。一方、パリ～ニースの何たるかを知っている人たちには名高いレースだ。

その名声は、一九三三年から続く歴史と歴代勝者の面々からきている。ツール五勝のジャック・アンクティルは、パリ～ニースでも五勝をおさめた。史上最も偉大なオールラウンダー選手として知られる、やはり「五勝クラブ」のエディ・メルクスは、パリ～ニースで三勝している。クラシックの名手ショーン・ケリーは、一九八回の優勝のうち、パリ～ルーベ、ミラノ～サンレモ、リエージュ～バストーニュ～リエージュでそれぞれ二度勝ち、一九八二～八八年までパリ～ニースで七連覇している。おそらく永久に書き換えられることのない素晴らしい記録だ。当時は前人未踏だったツール五連覇を制したミゲル・インデュラインは、五連覇のはじめのころ、パリ～ニースで二連覇している。

私も現役時代は、何度もパリ～ニースを走った。私は長い距離を走り込まなければ調子が出ず、シーズンはじめには思ったような走りができないタイプだったので、あまりいい成績は出せなかったが、好きなレースだった。パリ～ニースには「太陽のレース」という別名がある。フランス北端で行なわれる最初の数ステージは、冷たい雨や風に見舞われ、雪が降ることもある。南仏に近づくにつれ天候はよくなり、チャンピオンが生まれる最終ステージがある地中海に面したニースでは、日がさんさんと輝く。厳しい寒さのスタートから暖かいゴールへの道乗りは、勝利そのものへの道程にも似ていた。

ソルバングでのトレーニング合宿が始まる前、二〇〇七年のスケジュールを練っていたとき、アルベルトがパリ～ニースで優勝できる確率は高いだろうと私は考えていた。このレースは一週間と短く、長い数週間のステージレースでは、後半ばてる傾向にある若手の選手に向いているからだ。一週間のうち、重要な山岳ステージは二つあった（四・八キロの短いタイムトライアル・プロローグもある）。つまり上りの占める割合が多く、アルベルトに適したコースだ。そして、おそらく最も重要な決定は、リーヴァイ・ライプハイマーのスケジュールをつくっているときに、彼にはパリ～ニースでアルベルトのアシストをしてもらうことに決めたことだった。

リーヴァイには、二〇〇七年のツール優勝を期待していた。私は表向きには、彼は三位以内をねらえるだろうと言うだけにとどめていた。リーヴァイ本人にも、表彰台に上ることを期待していると言ったが、何位かは明言しなかった。プレッシャーをかけたくなかったからだが、シーズン中の割り振りをうまくすれば、他のトップ選手と同じように総合優勝をねらえるだろうと考えていた。リーヴァイが二〇〇二年にいったん抜けてから二〇〇六年末に戻ってくるまでの四年間、その走りを追って見ていた私は、シーズン早期にピークに達するというアプローチに問題があると考えていた。春の終わりから初夏にかけて好成績をねらっているため、七月のツールでピークを迎えることができなくなっていたのだ。

私はまずシーズンのはじめ、二月のツアー・オブ・カリフォルニアで優勝をねらい（結果的に優勝）、そのあとは少しずつスローダウンさせようと計画した。三月〜五月は基本のコンディションづくりに集中させる。比較的安定したローインパクトの走りをさせ、六月にはその度合いを高めてコンディションを堅固にし、ツールでピークを迎えさせるのだ。五月にいつものような成績は出せないかも知れないが、七月には今までで最高の成績が残せるだろう。

これは基本的に、ランスと七年間やってきたのと同じ方法だったが、ランスのときより、リーヴァイだけでなく、チーム自体が参加するレースの数も増やした。ランスの場合、何かとんでもないことが起きない限り、表彰台の一番上に立つことを確信できた。だが今は、すべてがうまくいかなければ、総合優勝は不可能だとわかっていた。だから、シーズンすべてを一つのレースに賭けることはできなかった。結果、戦略は功を奏し、二〇〇七年は四〇以上のレースで勝利をおさめるという、我々のチーム最高のシーズンとなった。

一方、アルベルトはこの計画を特に気にかけていなかった。彼は、ただパリ〜ニースで勝ちたかったのだ。そしてパリ〜ニースでリーヴァイが自分のアシストで出るということ、それを聞けば十分だった。世界でもトップのスター選手がアシストしてくれるのだ。アルベルトは微笑み、こげ茶色の目を輝かせた。ランスのむき出しの闘志を現した目とは違い、アルベルトの目には静けさがあった。けれども、そのこげ茶色の壁の後ろには間違いなく何かが燃えてゆらめいていた。

「よし、いいだろう」私は一月のミーティングでアルベルトに言った。彼の覇気と積極性と自信への驚きは隠しながら。「パリ〜ニースの総合優勝だ。どうせなら勝とうじゃないか。そうだな？」

パリ〜ニースの第二ステージは、惨敗に終わった。

細かな起伏のある一七七キロのステージは、スプリンターの独壇場になると予測されていた。アルベルトとリーヴァイを含む総合上位一〇名のタイム差は、わずか五秒以下だった。このような接戦は想定の範囲内だった。ツールの場合、総合成績は数分の差で決まるが、パリ〜ニースのような短いレースでは、数秒差で決まる。

最後の九・七キロで、スプリンターを擁するチームは先頭に詰め寄り、ペースを極限まで上げて、一日中逃げ続けた逃げ集団の残りを追撃した。集団はリモージュを走り去り、きついカーブを走り抜け、狭い道に飛び込んだ。何百回も秒刻みのニアミスが起き、あちこちで高い電子音がした。ハンドルバーについているコンピュータに設定された心拍数を超えたときに鳴るアラーム音だ。ハイリスクでハイスピードの混戦の中、潰れる選手はあとを絶たない。サインを誤解し、コミュニケーションが失敗し、瞬間の行動が明暗を分ける。スプリントゴールでは日常茶飯事だ。集団がばらけようとしたその瞬間、アシストの一人ポポ（ヤロスラフ・ポポヴィッチ）の自転車がパンクした。

二人の選手が瞬時の判断でポポを待った。それは間違った判断だった。我々のチームは一瞬でばらばらになった。アルベルトとリーヴァイは集団の真ん中にいた。すぐ前で誰かがぐらついたか躊躇したか、あるいはカーブ前でブレーキを強くかけすぎたため、集団がまっ二つに割れた。

執拗に走り続けてきた幸運で強力な三八名の選手が、首位から二秒内でゴールした。第二集団のアルベルト、リーヴァイ、トム・ダニエルソン、他の七〇名は、首位から一九秒遅れでゴールした。パリ～ニースでは、このような時間差は永遠にも等しい。

「信じられん！」電話の向こうでダークが叫んだ。パリ～ニースの監督は、ダークとエキに任せていた。私はパリ～ニースと、ショーン・イエーツに監督を任せたイタリアのティレーノ～アドリアーティコというレースとを行き来していた。だからこのステージのときは当地にいなかったのだ。ダークは怒り、声を荒げていた。「一七秒だと！　集団から一七秒遅れだと！」

「ダーク」私はなだめた。

「後退したり、実力がなくて負けたりするならまだわかる」少し声を抑えたが、それでも誰もが大声だと思うような調子でダークは続けた。「だが判断を間違ったからというのはどうだ。そんな事態は避けられたはずだ。混乱したからだなんて、そんな……そんな……」

　私は次の言葉を待った。

「そんなことは絶対許せない！」ダークは吠えるように怒鳴った。

「ダーク。私も腹が立っているよ。ばかな負け方だし、本当にがっかりしている」

　沈黙が流れた。

「しかし、もう過去のことだ。負けたという事実は変えられない。でも勝利は私たちを待っているんだ。それを手にする方法がわかるまで、勝利は逃げたりしない。だからその方法を考えようじゃないか。どうやってタイムを取り戻すか、その方法を」私は言った。

　ダークは笑った。うなったという方が近いかも知れない。「アルベルトがステージのあとに来て言ったんだ。『ひどかったですね』と」

「その通りだな」私は言った。

「そして、こう続けたんだ。『それでも、僕は優勝できますよ』と」

「そうか」

「そうなんだ。ヨハン、いつこっちに来られるんだ」

「第四ステージだ。チームカーに同乗する」

「わかった」ダークは答えた。

「ダーク」

「なんだ」

「私が監督していても同じことが起きていたと思う。あんな混戦では、選手の判断に任せるしかない。私たちにできるのは、いざというとき、正しい判断ができるように準備させることしかないんだ」

　再び沈黙が流れた。最初の沈黙より長かったが、雰囲気は和らぎ、重苦しさはなかった。受話器からダークの声が流れた。「ありがとう」

　私は心からそう思っていたのだ。ダークは素晴らしいチーム監督に成長してくれた。ランスと私が一緒に学んできた勝負のノウハウすべてが、私たちの引退後に立ち消えてしまうようなことはもうないだろう。そう考えると、深い満足感を覚えた。監督引退については、二〇〇六年以降、何度も考えてきた。ツール・ド・フランスに勝つことは、私の仕事だった。そしてもう一度、ランスなしで勝つことができると自分自身に証明してみせることは、私の夢だった。その夢が叶ったら、まだ勝ちたいと感じるのだろうか。他にやり残したことがあるように思えるのだろうか。それとも六連覇したあとのように、これから何をするべきなのか、その理由は何だろう、と悩むのだろうか。ランスなしで優勝するという夢を叶えたあともなお、優勝への努力を続けていきたいかはわからなかった。勝利のためには一年中、毎日、いや毎秒の努力が必要だということを思い知らされていたからだ。そんな犠牲をまだ払い続けたいかどうか、わからなかった。私はもっと家族と時間を過ごしたかったのだ。

カーレースのフォーミュラワンで、私と同じような仕事をしているある友人が話してくれたことが、私の頭から離れなかった。あるときレースのシーズンが終わり、帰宅したその友人は、幼い娘が描いた家族の絵を目にした。娘本人と次男と妻、ベビーシッターまで、皆幸せそうに一緒に描かれている。そして画用紙の端っこに、ぽつんと立って携帯電話で話している男性がいる。それが父親である、私の友人だったのだ。

私は、家族の人生の端っこにおさまるのはいやだった。妻のエヴァマリアは、毎シーズン最初から最後まで、いつも私を支えて励ましてくれた。だから余計、妻を家に残すのはつらかった。たとえそれが離れている時間の方が多くなることを意味しても、妻は私を信じて、夢を叶えてほしいと思っているのがわかっていた。

次の勝利を手につかんだら、妻に恩返しをしよう。今までできなかったことをすべてやって、時間を取り戻そう。そう私は思っていた。

三歳になる娘のビクトリアには、父親が必要だ。勝利をつかみ、妻と娘にお礼がしたかった。ひょんなときに、ある完璧な一日のことを思い出して、集中力が阻まれることが多くなった。

それは、特別な日だったわけではない。でもだからこそ、特別だったのかも知れない。ただ家でゆっくりとしていただけだ。来客もないし、長時間電話するような用事もなく、次の仕事の計画を立てなくてもよかった。レースのシーズンも終わっていたので、ゆっくりと寝坊した。昼食にはパエリアを食べ、外は暑かったのでただ家の中で団らんを楽しみ、冗談を言い合い、ビクトリアが描いた絵を眺めて過ごした。三時ごろテレビのアニメを見はじめ、いつのまにか三人とも寝入ってしまった。

ビクトリアに腕を引っ張られて、私は目を覚ました。子供用の小さなビキニを着て、にこにこと笑い、早く、とせがむ娘。私も水着に着替え、家族三人で庭のプールに飛び込んだ。それからずっと、エアマットレスでぷかぷか浮いて、一日を過ごした。

ただそれだけだった。何か特別なことをしたわけではない。でも家族皆が一緒だった。そして何よりも、そんな時間が愛おしかった。

ランスが引退したあと、私も監督業を退いたら、今までずっと積み上げてきたものが消え去ってしまうのではないかという心配があった。単なる記録としてしか残らないのではないかと。何も立派なビルや橋をつくり上げたわけではないのだから、一体何が残るというのだろう。しかし今、ダークがその答えの一つだということがわかった。ショーンとエキもだ。

さらに、ちょうどランスがリーヴァイに教えたように、リーヴァイがいつか他の賢明で好奇心旺盛な新人に教えられるだろう何かも。

だが、まずパリ～ニースの負けを取り戻さなければならない。

アルベルトが第四ステージの最後の上りでアタックをしかけたとき、車からは見えなかったが、ラジオのアナウンサーの一人がこう叫んだのが聞こえた。「実に楽しそうです！」

私はダークと顔を見合わせ、顔をほころばせた。その瞬間、ダークはハンドルを急に切って、猛スピードのオートバイを除けた。どうやらダークの運転は、私と同じぐらい乱暴になってしまったようだ。

第四ステージは最後の八〇キロずっと上りが続くが、ダークと私は、勝負は最後の三・二キロで決まるだろうと考えていた。マンドの空港へ続く勾配一〇パーセントの上りだ。その短い道でアルベルトは目が飛び出るようなタイムを叩き出した。トップクライマーのカデル・エヴァンスから一三秒、二〇〇六年ツールのラルプデュエズでステージ優勝を飾ったフランク・シュレックから二八秒、痩身のフランス人選手サンディ・カザールから一分近くを引き離したのだ。麓の時点でカザールは、アルベルトに二五秒差をつけてリードしていた。

総合首位は、二五歳のイタリア人選手ダヴィデ・レベッリンがしたたかな走りで奪った。レベッリンは記者会見で「コンタドールは強かった。最後はついて行くことができなかったので、五〇メートルの差を保って走った」と話している。レベッリンは身体能力に優れ頭も切れる、手強い相手だった。第二ステージで集団が割れたときには前方の集団にいた。アルベルトが第四ステージの最後でアタックをかけたとき、その爆発的なアタックについて行き、体力を無駄に使うことはないとレベッリンは瞬時に判断した。必要なのは、差を縮めさせないようにすることだけだ。そしてその通りペースを崩さずに走り、アルベルトから二秒遅れでゴールした。その結果この日、総合ではアルベルトに六秒差をつけてリードした。三位は二三秒遅れのタデイ・バリャベックだ。勝負は、上位二人に絞られた。

六秒の差を縮められるかどうかはわからなかった。レベッリンを潰すのはたやすいことではない。二〇〇四年、彼はわずか七日間でアムステルゴールドレース、フレーシュ・ワロンヌ、リエージュ～バストーニュ～リエージュという、クラシックレース三つで優勝するという偉業を果たしていた（この二〇〇七年のパリ～ニースの一カ月後、フレーシュ・ワロンヌで優勝している）。

翌日、我々のチームはレベッリンを追い、レースを叩き潰した。最初の九キロ地点で抜け出した一三名の中に、何の前触れもなく、そっとポポが忍び込んだ。第五ステージは一七八キロでカテゴリー級の五つの上りがあった。いずれも二級や勾配六パーセントを超える上りではなく、データ的には特に大変な日ではない。だからレベッリンを擁するゲロルシュタイナー勢は、ポポが逃げ集団に入ることを許し、追撃しなかったのかも知れない。一方、私は、このステージはハードになると考えていた。ポポが集団を叩き潰し、限界まで走らせようとすれば、上りも十分過酷なものになると。

逃げ集団がその日の最初の上りの麓に近づいたとき、ダークの車の助手席で私は無線に向かって言った。「ポポ。一日ずっと、全力で行け」できるだけハードに、できるだけ長く。

ポポはスピードを上げて坂を上り、すぐに六人の選手が脱落し、プロトンと逃げ集団の差を四分に広げた。アーモンドの美しい花が咲き乱れる下、アップダウンのある道をどんどん上った。最後から二番目の上りの、ゴールまであと三二キロという地点で、逃げ集団からも逃げ切った。

その日一日、三〜四分のリードのおかげで実質的にレースの総合リーダーとなっていたポポは、ゴールまであと少しで、レベッリンから総合首位を奪うチャンスがあった。ゲロルシュタイナー勢は猛烈な追撃を開始し、あまりのスピードに、プロトン全体が一列の棒状になった。ゲロルシュタイナーから選手が落ち、ロット、ランプレ、ケスデパーニュなど、他のチームが前方へ援護射撃をした。あまりのスピードに集団とポポのリードは崩れかけたが、ポポは持ちこたえて一四秒差で勝った。前日に続く二連覇だ。彼を追撃する過程でプロトンは五〇名まで減り、落伍者はちりぢりになって何キロも後退した。ゲロルシュタイナー勢は疲弊しきり、若手選手の一人で、山岳賞の水玉ジャージを着ていたハインリッヒ・ハウッスラーは疲労困憊の様子で、その日の記者会見で語った。「人生で最悪の一日だった」

レベッリンは、引き続き集団の中でアルベルトにつき、六秒差を保った。

「よし、もう一度だ」ティレーノ〜アドリアーティコへと出発する前にダークに言った。

再び我々のチームはアタックをしかけた。全長一九九キロ、九つのカテゴリー級の山岳がある第六ステージだ（そのうち一つのみが一級山岳）。リーヴァイは逃げ集団と一緒に逃げ、六つの峠を含む四八キロほどペースを上げ続けて、レースを完全に叩き潰した。この日のレースはあまりにも過酷で、一一名ほどの選手が途中リタイアした。その中にはゲロルシュタイナーの選手もいた（ハウッスラーも含まれていた）。

だが、またしてもレベッリンは屈強に持ちこたえた。その日、イタリアでレースの生中継をテレビで見ていた私は、その不屈の闘志と勇気をたたえずにはいられなかった。

ステージは、あと一つを残すのみとなった。最後のチャンスだ。レース全体を何度も頭の中でシミュレーションした。最後の一二九キロのステージは、九〇年代に私が走ったときと変わらない定番のコースだ。四つの峠のうち三つは一級で、最後には過酷なエズ峠が控えている。

私はダークに電話した。「いいか。明日はすでに勝ちをおさめたように走るんだ」

ダークはすぐに理解してくれた。「先頭で、全員でだな」

「そうだ。何度もアタックを続けるのではなく、アルベルトがリーダージャージを着ていて、それを守るときのように走らせるんだ。ペースは速すぎて、距離も長い。誰も逃げられないはずだ。エズ峠にひと塊になって入り、アルベルト対レベッリンの一騎打ちにさせる」

「それはいいな」ダークは言った。

「そうだ。アルベルトは勝負に出るだろう。そしてアルベルトがレベッリンを振り落としたら、誰もレベッリンを助けられないはずだ。チームメイトは残っていないし、レース最後の上りだからだ。アルベルトを追撃して自分を守るより、レベッリンをアタックして彼のポジションを奪うはずだ」

「わかった」ダークは言った。

アルベルトに電話した。戦略を説明して、訊いた。「疲れていないか」

「少し」アルベルトは答えた。

「レベッリンはひどく疲れているはずだ」

アルベルトに考えさせた。「明日の最後の上りはよく知っている。過酷できつい勾配だ。マンドよりもずっと」

マンドは、第四ステージでアルベルトが集団から逃げ切った山だ。「マンドでレベッリンから飛ぶように逃げ切ったじゃないか。明日、レベッリンは絶対についてこられないはずだ。君は優勝へとはばたくんだ」

アルベルトは笑って言った。「『はばたく』んですね」そして繰り返した。「はばたいてみせますよ」

パリ〜ニースを制したとき、アルベルト・コンタドールはその言葉の通り、エズ峠を飛ぶように上った。集団を後ろに残して、「太陽のレース」の明るい空へと。それはまるで、空を夢見ながらバルコニーに残された集団の上を、鳩となったアルベルトが空高く舞うかのようだった。

私は、ティレーノ～アドリアーティコでチームバスの壁に取り付けた小さな衛星テレビの画面で彼の走りを見ていた。小さな青い人影がぐんぐんと上っている。ショーンもヤネス・ブレイコビックも、バスの運転手も一緒に見ていた。ヤネスはタイムトライアルが終わったばかりで、シャワーもまだ浴びていなかった。

ダークはすべてを完璧にやり遂げた。「殺人的なペースです！」前方で我々のチームがつくったブルーの壁が集団を後ろに従える中、テレビががなりたてる。アルベルトがアタックした。「レベッリンはついて行けません！　他の選手はレベッリンをアタックしています！」

フィニッシュラインを越えたとき、アルベルトは両手を高く上げた。遠く離れた国のバスの中で、立ち上がり、小躍りしながら私も両手を上げ、歓声を上げ、ショーンとヤネスとバスの運転手を抱擁した。それはゴールではなく、確かに何かの始まりだった。

第一六章　勝利以外は目をくれるな

勝つために負けるリスクを負うのは構わない。
だが、どちらでもない中途半端は、
どうしても許せなかった。

今まで、どれぐらいの時間をこのチームカーの中で過ごしてきただろう。車中でテレビの画面を見て、無線で選手に話しかけ、携帯のメール画面をスクロールする。ときにはハンドルを膝で回して運転し、一体、何時間ぐらいそのすべてを同時にこなしただろう。スペアホイール三個、工具箱二つ、自転車の部品三箱、食料袋二九個、ウォーター・ボトル一〇〇本。レインジャケットや、グローブ、ベスト、キャップ、アームウォーマー、レッグウォーマー。それら山積みの機材に囲まれたメカニックの顔を何度バックミラーで見たことだろう。

ツール・ド・フランスだけについて考えてみる。二〇〇七年、九回目のツールだ。普通は八〇~九〇時間かけてフランス全土を回る。それが九回分だから七二〇時間、つまり三〇日。ひと月かかるレースに今までかけた時間が、ちょうど一カ月。ぴったりの数字、洒落た偶然だ。

私の人生の一カ月分ということにもなる。

本当に有意義なひと月だった。人生の終わりを迎えたときにも、きっとそう思うだろう。この一カ月に後悔はまったくない。

人生で最も重要なステージのスタート前、チーム監督の私はそう考えて気を紛らわそうとしていた。二〇〇七年のツール・ド・フランス、全長二一八キロの第一六ステージだ。ステージ終盤のオービスク峠という過酷な上りの頂上で、勝敗が決まる。そのとき、ツール七連覇を成し遂げたのは、ある一人の選手のおかげだったのか、それとも私自身も勝者なのか、結論が出されるのだ。

ずっとスクロールしていたある携帯メールから、私は目を離すことがなかった。「僕のライバルは、バルベルデかエヴァンスとなることを願っています」というメールだ。

それは、フランスに集まる一週間前、チームに送ったたくさんのメールの中の一通に対する返事だった。コースと出場メンバーを何度もチェックして、メールで各選手に励ましを送り、一人一人の役割とゴールを確認した。私は、アルベルトがほぼ確実に新人賞の白いジャージを獲得するだろうと考えていた。だから彼には他の新人賞候補についてまとめたメールを送ったのだった。

アルベルトはすぐに返信してきた。その返事が意味するところは明らかだった。アレハンドロ・バルベルデとカデル・エヴァンスは、総合優勝候補の選手だった。アルベルトは、自分は総合優勝できると言いたかったのだ。

そしてそれを証明する日がやってきた。


第一六ステージは、その年最後の山岳ステージで、ミカエル・ラスムッセンからマイヨ・ジョーヌを奪える最後のチャンスだった。ラスムッセンは、アルプスでの第八ステージから一〇日間、マイヨ・ジョーヌを守り抜いていた。

ラスムッセンには「チキン」というニックネームがついている。その由来には諸説あって、鶏肉が好きなせいだとか、痩せて骨張っているからだと言われている。一七五センチ、五九キロ、三三歳のデンマーク人だ。ロードレース選手になる前は、マウンテンバイクの選手で、世界一のクライマーとしての名をほしいままにした。ツールでは、二〇〇五年と〇六年の山岳賞ジャージを（ステージ優勝四回）、ブエルタ・ア・エスパーニャではステージ優勝を手にしている。所属チームは、私も以前在籍していたラボバンクだ。

オルテーズから集団が出発し、オレンジとブルーのジャージを着たチームメイトに囲まれた、輝くようなラスムッセンの痩身が先頭近くに見えた。端の方には、白くきらめく新人賞ジャージを着たアルベルトがいて、そのそばにはリーヴァイ・ライプハイマーがいた。リーヴァイは当初、我々のチームのチーム・リーダーだったが、今はアルベルトのアシストとして走っていた。アルベルトは、ラスムッセンから二分二三秒遅れで総合第二位につけ、リーヴァイは五分二五秒差で四位につけていた（三位は四分差のカデル・エヴァンスだ）。

マイヨ・ジョーヌに手が届くまでには四つの峠があった。一番目は最も勾配がきつく、スタートから八〇キロも行かない地点から始まる超級山岳ララウ峠だ。平均勾配八パーセントが一四キロ続き、歩くのさえきついところもある。第二の上りは、一級山岳ピエール・サンマルタン峠で、やはり一四キロだが、勾配はそれほどきつくない。その後、五〇キロほど行くと、まだ生き残っている集団は、平均七・五パーセントの勾配が約八キロ続く一級山岳のマリーブランク峠に入る。その一六キロあとには、オービスク峠の過酷な壁が控えている。七パーセントの勾配が一六キロ以上続く上りは、残った選手のほとんどを潰してしまう。渾身のアタックをしかけるのなら、そこしかない。

前の晩、チームにそのことを話した。私は大げさに激励するタイプの監督ではない。チーム全体で大声を出して励まし合うようなやり方はしない。二、三人のグループで、腹を割って話した。

「ここまで皆、本当によくやってきた。今年のツールは大荒れに荒れた。それに生き残ってきたばかりか、ほとんど期待されていなかったようなチャンスをつかむことができた。私たちは、マイヨ・ジョーヌを着てパリに入れるかも知れない。そのためには全力を出して、敢然とアタックをしかけるんだ。明日、ラスムッセンを潰せなければ、ツールには負けだ」

ラスムッセンを潰す役目のリーヴァイとアルベルトには、こう言った。「いちかばちか、命懸けで走るんだ。マイヨ・ジョーヌを得るためには、三位入賞すらリスクにさらすような走りが必要だ」

アルベルトは手堅く二位につけており、リーヴァイは三位に食い込める可能性があった。だが、マイヨ・ジョーヌを手にするには、その可能性を脅かす危険を顧みずに走らなければならない。オール・オア・ナッシングということだ。次善策はない。急場しのぎの戦略もない。私たちの全存在を賭けてラスムッセンとツールに挑むだけだ。

第一六ステージは、大混乱を極め、見通しの立たない過酷なステージになる。想像を絶するような勝負が繰り広げられるだろう。その年のツールはずっとそうだった。その理由は、レース自体だけではなかった。

第八ステージで、Tモバイルのパトリック・シンケビッツが観客と衝突して鼻を骨折、さらには肩をケガして棄権した。同じ日にシンケビッツのチームメイト、リーナス・ゲルデマンは、前日獲得したマイヨ・ジョーヌを一日で手放すこととなった。二四歳のクライマー、ゲルデマンは、この最初の山岳ステージでステージ優勝とマイヨ・ジョーヌを手にしている。

ゲルデマンは人気のある選手で、積極的にドーピング反対の立場を取っていた。彼の勝利により、「クリーン」な選手でも、ただ走るだけでなく勝てることが証明されたと、多くの人が考えていた。

「リーナスが勝ってよかった」

記者に大喜びで語ったのはデビッド・ミラーだ。ミラーはスコットランドの若手選手で、サウニエル・ドゥバルの選手でゲルデマンのチームメイトではなかったが、いわば自転車競技界の非公式のスポークスマンだった。二〇〇四年六月に警察が自宅で注射器を発見してから、自身はEPOを使用したことがあると認めている。だが、二年間の出場停止処分を受けたあと、薬物使用反対を推し進めることを誓って復帰した。「新しい世代の登場のしるしだ」とミラーは語った。

その二日後、六月上旬のレース外ドーピング検査でシンケビッツにテストステロン陽性反応が出たことが判明する。すでに棄権していなかったら、出場停止処分となったところだった。その九日後、第一六ステージの前の休息日、アレクサンドル・ヴィノクロフのAサンプルに血液ドーピング陽性反応が検出されたことが発表された。彼を擁するチーム・アスタナはツールを去る。「ヴィノ」というニックネームのヴィノクロフは、マイヨ・ジョーヌの有力候補だった。だが第五ステージで膝を縫うケガを負い、スピードに影響が出てマイヨ・ジョーヌには手が届かなくなってしまった。ロスしたタイムは取り戻せなかったが、第一三ステージのタイムトライアルと、第一五ステージのピレネーの山岳ステージでステージ優勝を勝ち取ることでその名誉を取り戻していた。

一方、ラスムッセンはにわかに批判の嵐に巻き込まれていた。一週間ほど前から、ラスムッセンがツール前のいくつものレース外ドーピング検査を受けなかったというニュースがマスコミを駆けめぐっていたのだ。ステージ後の記者会見で、ラスムッセンはマイヨ・ジョーヌ保守について語るのと同じぐらい、ドーピング疑惑について自己弁護する羽目になった。

ツールは、まるで大嵐の中に身を置きながら、毎日、竜巻に襲われるような状況だった。次はいつどこから崩れ落ちるか見当がつかなかった。

このような大荒れの状況の中、私はチーム全員に対して、さらに厳しく、緻密かつ周到にレースに集中するように命じたのだ。

「私たちは、ツールに勝つためにここにいる」

夜、選手の部屋で、あるいは数人での夕食時、あるいはスタート前にチームバスでエスプレッソを飲んでいるとき、そう話した。「罪のある者を訴えたり、無実の者を守ったりすることはできない。それは私たちの仕事ではない。ここへは、レースをするために来たのだ。誰かを批判したり、ドーピングを摘発したりするためではない。ツールで走り、勝ちたいからレースをしているのだ」

私はチームに言った。「私たちがここにいるのは、勝つためだ。レースが終わるまで、勝利以外には目をくれるな」

ドーピング問題は、勝利への障害の一つに過ぎない。私はそう考えることに慣れていた。ドーピングは勝利へのもう一つの障壁だと。一九九九年から、自動的にそう考えるようになっていたのだ。ランスがセストリエーレで初めて素晴らしい走りを見せたとき、フランスの大手スポーツ紙は、ランスの走りについて書いた記事に「別の惑星で」という見出しをつけた。ヨーロッパ式に翻訳すれば、「普通の人間ならあんなことはできないはずだ。ドーピングをしているに違いない」という意味になる。

だが今回は、実は外界からチームを守ろうとしただけでなく、私自身の混乱からも守ろうとしていたのだ。

ドーピングがこれほど注目されるようになったのは、その蔓延によるものなのか、魔女狩り的な風潮によるものなのか、あるいは大半の人が考えるようにその中間なのかはわからない。しかし、実際のドーピング行為から、その管理や処罰、そして公表に至るまで、すべてがあまりにも度を超していた。Tモバイルは、積極的な反ドーピングの姿勢を取ったことに賞賛を受けていたチームだ。選手は、当局のものだけでなく、チーム側が頻繁に実施するドーピング検査も受けていたのだ。しかし、どんなチームでもパトリック・シンケビッツのようなケースが出てくるのではないか。彼は深く考えずに、トレーニング合宿中、治療のためテストステロン軟膏を脇の下に塗ってしまったのだと後日話している。ＵＳポスタルもディスカバリーも、一人としてチーム在籍中にドーピング検査で陽性になった者はいない。一人もだ。でももし、ある年、あるとき、ある国のあるレースで、それがどんなに下のポジションの選手であっても、間違いを犯して薬物検査で陽性反応が出てしまったら、ランスと私が築き上げてきたものはどうなるのか。ランスが勇気づけ支えてきた何百人、何千人という癌からの生還者はどうなるのか。そう心配せざるを得なかった。

さらに、私はオフシーズンに、ドーピング問題のまさに瀬戸際に立たされてしまっていた。二〇〇六年一〇月一八日、イヴァン・バッソと彼の所属チームＣＳＣは、同年のツール出場停止を招いたオペラシオン・プエルトの捜査が継続中であることから、「相互の合意」に基づき、契約を打ち切ったと発表した。疑惑の証拠は少なくなかったようだが、私は有罪確定までは無罪という、アメリカの法制度を強く支持している。噂や状況証拠を全面的に否定したわけではないが、信用もしなかった。根拠のない証言や状況証拠だけを並べたてて、ランスはドーピングをしたと糾弾する本が三冊も書かれていたのだから。

我々のチームのポリシーは明確で厳しかった。競技能力を高める薬物使用の検査で陽性となったか、あるいは薬物使用を認めた選手は、チームを脱退させる。憶測ではなく、証拠に基づいて決定するのが公平だと考えてのことだ。オペラシオン・プエルトに「関わった」とされる選手の一人が、アルベルト・コンタドールだったというのがいい例だ。

アルベルトは、二〇〇六年のツール出場停止処分を受けたが、まもなくスペイン当局と自転車競技の統括団体ＵＣＩ（国際自転車競技連合）は、アルベルトは潔白だと発表した。同じチームの選手のファイルのいくつかにアルベルトの名前が挙がっていたが、関わった証拠はまったくなかった。彼は、この事件には絶対に無関係であり、事件の中心の医師エウフェミアノ・フエンテスも、彼とはまったく関わりがないと語った。私が事実ではなく、噂に基づいて行動していたら、アルベルトと契約することは絶対になかっただろう。

バッソも無実を主張し続け、ＣＳＣを離れて九日後、イタリア・オリンピック委員会はオペラシオン・プエルトに関しては証拠不十分として審議を打ち切った。私たちは弁護士四名に、審議と証拠と、選手が従わなければならないＵＣＩ倫理規定の検討を依頼した。その結果、法的な意見は満場一致で、バッソは自由の身、レースに参加できると結論を出した。

我々のチームのエースとして、すぐに新しい時代を築き上げられるのはバッソ以外にいない。そうランスと私の意見は一致していた。そしてディスカバリーは、二〇〇六年一一月上旬にバッソと契約を結ぶ。ツールでは彼とリーヴァイが共にエースとなる予定だった。ここからバッソとの関わりが終わるまでのことは、彼のプライバシーを尊重して、公になっていることだけを述べよう。二〇〇七年四月下旬、イタリア・オリンピック委員会は調査を再開。四月三〇日、バッソと私は、彼がチームを離れることに合意し、五月二日、バッソはイタリア・オリンピック委員会の前で「ドーピングを試そうとした」ことを認めて、六月には二年間の競技出場停止が申し渡された。現時点でわかっていることを前提にして言えば、バッソと契約したことは誤りだったと言わざるを得ない。

もう一度、子供のときのように、ただ皆で一緒に自転車レースをすることができたら、どんなに素晴らしいことだろう。

上りで、アルベルトの加速はスムーズだが、他の選手に対する効果は凶暴で破壊的だった。弾丸のように、数キロで三回、四回、五回、あるいは六回も全力で発射し、すばやく回復して再びアタックした。彼は、他の選手が敬意を持って「天性のクライマー」と呼ぶタイプの選手だ。まさに完全無欠の上りを見せるという意味で。

だが、あふれる才能に恵まれていても、アルベルトはまだ二四歳だった。ツールが始まり二週間もすれば、やっとフィニッシュラインを越えることしかできないほど疲弊してしまうかも知れない。だから私は、第七～九ステージの最初の山岳区間の終わり近くにハイペースでハードに走らせようと決めた。山岳に入った時点ではほどほどに走らせ、一日か二日、脚をならして、そのあと疲れないうちにレースを潰し、競争相手を弱めさせようと計画した。その上、それはリーヴァイに関する戦略にも完璧に合った。彼が二〇〇六年末にチームに戻ってきたとき、君はツールの表彰台に上ることができるだろう、今まですでに上っているべき選手だ、と私は話した。

「わかってます。でも何かがいつもうまくいかないんです。毎回、調子の悪い一日に足を取られるんです」

私も同じ意見だった。私の戦略を説明すると、彼の顔から疑いが消えて、自信がみなぎった。シーズンの始まりは、コンディションを低めに持っていく。過去数年はピークの時期が早すぎて、ツールの時期にスピードに影響が出ていたのだ。「五月には、今までで一番遅くなるということをわかっていてほしい。だからといって、恐れたり落胆したりしないように」私は彼に言い含めた。

ツールに関しての戦略はこうだ。「集団に隠れて、最も静かなライダーになれ。透明人間のようにだ。わかるか。君にとってのツールは、タイムを奪うのではなく、失わないことにある」

「タイムを奪わないで、どうやって勝てるんでしょうか」リーヴァイは訊いた。

その訊き方には、私の意見を否定するのではなく、純粋に答えを知りたい様子が感じられた。「山岳ステージでは毎日、誰か違う選手が勝つ。以前に勝った選手は後退する。ある日、君の前にゴールした選手は、次の日には後ろにいるはずだ。君は潰れないからだ。そうすれば」私は間をおき、お互いの顔の間に手をかざし、目の高さまで持って行った。「そうすれば、上までひっそりと上り詰めることができる」

　最初の山岳ステージでは、ゲルデマンが長距離を逃げ切って勝った。だが、我々の総合成績には脅威となる存在ではなかった。首位を争うラスムッセン、エヴァンス、バルベルデ、リーヴァイ、アルベルトは続いて集団でゴールを越えた。ゲルデマンではなく、お互いをマークしながら。それはまるで脚ならしのようであり、結果的にそうなった。翌日、ラスムッセンはアルプスの山岳に躍り出て、一級山岳の峠三つでリードを奪い、マイヨ・ジョーヌを手にしたのだ。

「調子はどうだ」その晩、アルベルトに訊いた。

「万全です」

「うずうずしているか」

「もちろんです」彼は微笑んだ。

「明日はアタックをかけよう。勝負に出るためではなく、ちょっと試しにアタックするだけだ」

　第九ステージは一筋縄では行かなかった。たった一五九キロの間に、一級山岳が一つ、超級山岳が二つある。最初の超級山岳は序盤にあり、最後はゴール手前三五キロの下りの前にある。スタートから三キロ地点でアージェードゥーゼル（AG2R）の選手がアタックをしかけ、私たちは追撃した。

「ポポ、お前が行け。今日はハードに行くぞ」無線に向かって命じると、ヤロスラフ・ポポヴィッチが飛び出した。彼はこの日、最終的に強力な山岳スペシャリストの小集団に追いつかれる。この小集団には、このステージの優勝と、この年の山岳賞を奪った二四歳のコロンビア人選手、マウリシオ・ソレールもいた。ポポは、最後の平均勾配七パーセントのガリビエ峠で首位選手のグループから三分のリードを奪った。

「よし。アルベルトを待て」ポポに言った。

そしてアルベルトに命じた。「行け《バモス》！」

アルベルトは首位選手のいる集団から飛び出した。唯一エヴァンスがついて行ったが、それもわずかの間で、後退した。彼はアルベルトと首位選手のいる集団との間につけた。アルベルトはエヴァンス、ラスムッセン、バルベルデらがいた、この集団を引き離した。

「リーヴァイ、楽に行け《トランキーロ》。わかったな」私の指示通り、彼は首位選手の集団の中に隠れ、じっと様子をうかがっていた。

山頂に達したポポにアルベルトが追いつき、二人は先頭交代して風を除けながら、音を立てて峠を下りて行った。ソレールが勝つだろうと思ったが、私はそれでも構わなかった。ポポとアルベルトの後ろでは、首位選手たちが二人に追いつこうと猛烈な勢いで走っていた。先頭で逃げる二人がチームメイトである場合、チームメイトであるからこそ危険な逃げになる。違うチーム同士の選手で逃げる場合と違い、最大のタイムを奪おうとゴールまでずっと協力し続けるからだ。二人はゴール前でラスムッセンらに追いつかれたが、我々のチームにとって素晴らしいステージとなった。

リーヴァイはまだハードな仕事はしていなかったが、ラスムッセンとわずか三分五三秒差で九位につけていた。アルベルトは三分八秒差の総合五位で、新人賞ジャージを身につけていた。

次の三日間、プロトンは平坦区間や穏やかなアップダウンを走り続けた。第一三ステージのタイムトライアルではアルビを駆け抜け、ヴィノクロフが勝利を手にした。ピレネー山脈に入った第一四ステージで、アルベルトは二分三一秒差で総合三位につけ、リーヴァイは三分三七秒差で五位につけた。このステージは超級山岳の峠が二つあり、最後の六四キロに、計三二キロの上りがある。アルベルトとラスムッセンは、最後の上りのプラトー・ド・ベイユでアタックをかけ合い、エヴァンス、ソレール、バルベルデ、カルロス・サストレ、そして集団の残りを潰した。あと八〇〇メートルというところでアルベルトはラスムッセンの後ろに静かにつき、その比類なきスプリントを爆発させ、ステージ優勝を飾った。リーヴァイは四〇秒差でゴールした。

その夜、リーヴァイがやってきてこう言った。「ラスムッセンと私は、ラボバンク時代、合宿などでよく同室になったことを知ってますよね」

「ああ」

「だから今でもよく話すんです。今日のステージのあと、彼がやってきて、『コンタドールに言っておけ。小娘みたいに走るなって』と言われましたよ。最後に後輪につかれたのが気に障ったみたいですね」

「アルベルトには言うな」私はすかさず言った。アルベルトの気持ちを傷つけたくなかったからではない。そのコメントを効果的に使えるときまで待とうと思ったのだ。さらにリーヴァイの行動についても考えた。選手からファンまで、自転車競技界のすべてが、いずれリーヴァイは我々のチームのエースとなることを知っていた。その上リーヴァイは、今年のツールで自己最高の走りを見せていた。首位から四分差におさえて、日を追うごとに強くなっていく。にもかかわらず、アルベルトの影になっていた。アルベルトは、私の予想をはるかに超えた手堅い走りを見せ、はっきりとした勝利へのチャンスをつかんでいた。

他のチームでリーヴァイと同じような立場に立ったら、ねたんでチームにいさかいを引き起こすだろう選手はたくさんいる。それが原因で、結局は誰も勝てないような状況になることもある。ところがリーヴァイは、そんな態度を取らないばかりか、自分の意志で私のところにやってきて、アルベルトを奮起させるような情報を教えてくれたのだ。

リーヴァイはチームメイトとして最も素晴らしい、品格に富む選手の一人だ。彼は何よりも勝利を重んじる。自分自身の野心よりも。

第一五ステージは、超級山岳で締めくくられる。九・七キロ続く平均勾配八・五パーセントの上りは、この年のツールで最もきつい峠だ。そして九・七キロ、勾配七・八パーセントの一級山岳ペイルスールド峠がある。ヴィノクロフが早めに二五名の集団と逃げ、結局、ステージ優勝を獲得する。私が心配だったのは、最後のペイルスールド峠の麓まで一緒に走っていた首位選手がいる集団だった。彼らはまるで、パブでのケンカのようにお互いを見合い、誰が最初のパンチを食らわすか待っているかのようだった。

「行け、アルベルト」私は言った。

それは衝撃的な美しさだった。餌物を追いかけるサメのように、アルベルトは集団から飛び出した。ついてこれたのは、渾身の力を出し切ったラスムッセンだけだ。エヴァンス、バルベルデ、クローデン、サストレは脱落し、リーヴァイは集団に身を潜めていた。道路脇には自転車熱の高いスペインのバスク地方から、オレンジ一色で埋められ、オレンジ色の服を着たファンがたくさん集まっていた。私たちの視野はオレンジ一色で埋められ、その応援の喚声で包まれた。アルベルトはペースを少しゆるめ、一キロ弱ほど脚の回復につとめて、再びアタックした。

ラスムッセンはついてきた。

私は無線をつかんだ。「アルベルト。昨日、ラスムッセンはリーヴァイに、お前の走りは小娘みたいだと言ったらしいぞ」

少し間があり、アルベルトの怒りでくぐもった声が無線から聞こえてきた。

「今日は『小娘』がどんなものか教えてやりますよ」

スピードをぐんと上げたそのときのアルベルトについて行ける者は、地球上に誰一人としていなかった。サドルから腰を上げ、ペダルを深く踏み込み、飛ぶようにダンシングで上っていった。ラスムッセンは一五メートル、三〇メートル、三五メートルと落ちていく。動きが硬くなり、疲れでぐらつき、その背中からマイヨ・ジョーヌが去ろうとしている。

だが信じがたいことに、ラスムッセンは差を埋め始めた。不恰好に口を開き、目はうつろでいながらもアルベルトのあとについてゴールした。ステージ優勝したヴィノクロフから五分三一秒遅れだった。私たちは、あと数ペダルストロークでラスムッセンを潰すことができた。

そして第一六ステージ。勝つか負けるかの、オール・オア・ナッシング。大詰めのオービスク峠の前に戦略を変えるなら、最後のチャンスだった。

山岳賞ジャージを着たソレールが、最初の上りでしかけた早期の逃げにサストレが入った。一四キロの超級山岳ララウ峠だ。ラスムッセン、アルベルト、リーヴァイ、エヴァンスは見送った。その日、四つある峠の二つ目の時点で、サストレとソレールらは四分半以上の差をつけた。ソレールはラスムッセンから一五分差でその日をスタートした。彼のねらいは表彰台ではなく、山岳賞保守にあった。問題はサストレだ。彼はスタート時点では、ラスムッセンに六分四六秒遅れの六位で、四位のリーヴァイからは一分、二位のアルベルトからは約三分半遅れだった。ところが今、実質上アルベルトの上を行き、ラスムッセンに近づいている。

ラスムッセンを擁するラボバンクのチームカーが、アルプスの狭くくねった道をやってきて、横につけた。

「エリック！」私は、車の窓からラボバンクのエリック・ブロイキンクの名前を呼んだ。彼が言いたいことはわかっていた。協力してサストレを追撃しようというのだ。ラボバンクと我々のチームが先頭に行けば、サストレを簡単に押し戻すことができるだろう。エリックは私に協力できるか訊いてきた。「そうすれば二位と四位は確実だ」と。

エリックとは、オンセ時代と、ラボバンク時代の二年間チームメイトであり、私は敬意を持っていた。彼は一九九〇年のツールで三位を、八八年は新人賞を獲得している。引退してラボバンクの監督になってから、ラボバンクはパリ〜ツール、ミラノ〜サンレモ、ブエルタ・ア・エスパーニャなど、数多くのレースで勝っていた。エリックは優れた監督だったし、その申し出は理にかなっていた。私が彼の立場だったら同じことをしていただろう。

「悪いな、エリック。今日は勝ちに出るよ」私は笑顔で言った。

私はラスムッセンとラボバンクに、追撃させようとした。たとえそれが、サストレを捕まえられず、三位内入賞を犠牲にすることを意味しても。

三番目の上りのマリーブランク峠を越えたころ、ラボバンクのペースは総合首位選手のいる集団を一五名にまで落としていた。オービスク峠の麓についたころ、逃げ集団が見えてきた。差は四〇秒ほどだろう。

「我慢だ」私はアルベルトとリーヴァイとポポに向かって静かに言った。ここでも待たなければならないとわかっていたからだ。ラスムッセンが潰れるとすれば、最後の最後だと。オービスク峠は、最初の起伏の穏やかな道をこなした者が得をする。緑の谷に流れる冷たいヴァレンティーン川の横を上る途中、山小屋や、店や、ペイストリーショップや、犬や子供が水を飲みに集まる噴水がある。そこから最後の一〇キロは急に勾配がきつくなり、気温も上がり、遠くに来たという雰囲気になる。道はゆったりしたカーブになり、次もまたその次も同じようなカーブが続く。ずっとペダルを無為に踏み続けて地平線を追っているような、朦朧とした気分になる。私たちがアタックをかけるのは、そこだ。

頂上から一一キロ地点で、「ポポ」と私は命じた。

ポポはサドルから腰を上げ、集団の先頭に寄せ、再び腰を下ろして、道路の下から彼を引っ張る怪物と戦うかのように自転車を上らせた。彼について行けたのは世界でも最高の選手、アルベルト、ラスムッセン、エヴァンス、リーヴァイの四人だけだった。四人はソレールに追いつき後退させ、サストレを落とした。あと九・七キロのところで、ポポが後退した。

リーヴァイがアタックをかけた。

それは勘と本能による、美しく自然な動きだった。リーヴァイは当初、表彰台に上ることを目的にずっと力を抑えてきた。しかし今は、チームメイトのために全力を尽くして燃え尽きようとしている。ラスムッセンが彼の後輪につき、私は無線に向かって言った。「もうすぐトンネルだ」

あともう少しでトンネルがある。アルベルトには、その暗闇からアタックをかけさせたい。無線に向かってそう大声で命じると、アルベルトはトンネルの黒い口から飛び出した。暗闇から目がくらむような日の光の中へ。ラスムッセンにとってそれが悪夢のように思えることを願った。

アルベルトは飛び出し、差をつけた。

これで終わりだ。

ところが、ラスムッセンはじりじりと距離を縮めた。それはまるで、時計の長針が動くのを見ているかのようだった。はっきりと目には見えないが、確かに動いている。四〇〇メートルほどで、アルベルトの後輪についた。エヴァンスも執念深く、諦めずについて行く。

私は怒鳴った。「リーヴァイ！」

リーヴァイはサドルから腰を上げた。今は腰を下ろしていたかっただろう。しかし彼はペダルに力を込めると、前にぐんと進んだ。ラスムッセンがすかさず、ついて行く。

私は数秒待った。アタックのリズムを読まれたくなかった。この局面では、指示はシンプルな方がいい。選手の頭は何も考えられず、身体だけが目の前にあるものを勝ち取ろうという原始的な衝動だけで動いている。ただ言った。「行け！　今だ！」

それが強いられているような状況でも、アルベルトが見せる上りは、何よりも美しい。よく目をこらして見れば、その胸部は今にも爆発しそうで、頭は傾いているのがわかる。けれどその脚の動きはぐらつくことがない。まるで練習から帰ってきて最後に家の前でスプリントをかけて走り終えるように、アルベルトは再びラスムッセンを引き離した。リーヴァイが後退した。ラスムッセンはアルベルトに何とか追いつき、再びアタックをかける。エヴァンスは重力と疲労に負け、後退した。リーヴァイは再び先頭に寄せ、リズムをつくり、チームメイトを助けた。

だが、最後の八〇〇メートルでこの三人から飛び出したのは、ラスムッセンだった。リーヴァイはそのあとに続き、とうとう空っぽになってしまったアルベルトは、ただペダルを回し、ゴールに着くのを待つだけとなった。

私たちの負けだ。

その夜、私はそれまでまったく経験のないことをした。敗北を祝ったのだ。

意気消沈した選手たちが夕食のテーブルについたとき、私はシャンペンを二本注文して、グラスを持った手を上げて言った。「勝利は手が届かないものとなった。皆もわかっているように」ラスムッセンは、アルベルトから三分一〇秒差をつけていた。続く平坦ステージとタイムトライアル一つでは奪い返せないタイム差だ。リーヴァイは五分五九秒差で四位だったが、エヴァンスとは五三秒差だった。タイムトライアルで最高の成績を出せば、三位に食い込むことができ、そうすれば二位と三位が手に入る。アルベルトのステージ優勝と新人賞も合わせて、どんなチームにとっても素晴らしい成績だ。しかしそれは、私が望んでいたものではなかった。

「落胆するのも当然だろう。それでも私は誇りに思っている……」私は一人一人を見た。私たちは潰れる限界ぎりぎりまで走ったが、生き残ったのだ。「勝利を手にしようとして、すべてを失ったということを心から誇りに思っている」

口からその言葉が出るまで、私は自分が何を言いたいのかわからなかった。そして自分の言葉を聞いてはっとし、またそれが真実だということにすぐに気づき、驚いた。勝つために負けるリスクを負うのは構わない。だが、どちらでもない中途半端は、どうしても許せなかった。ツールで何年も君臨してきた私が、自分について新たに発見した一面だった。

その発見を得たことに、払った犠牲の価値があったといってもよかった。

その晩、それぞれの部屋に選手が戻ったあと、私はレストランで、あるジャーナリストと話していた。電話が鳴り、相手と話していたジャーナリストの口が呆然と開いたままになった。彼はしばらく相手の話を聞き、電話を胸のあたりに下ろして私に言った。「ラスムッセンがチームから解雇された」

私は、自転車競技界やファン、そしてラスムッセン自身に対して悲しみを覚えた。その感情を完全に消化する前に、アルベルトに話さなければと考え、彼の部屋に行き、ドアをノックした。同室のベンジャミン・ノバルがドアを開け、私は中に入った。

アルベルトはガールフレンドと電話中だった。

「電話を切れ」私は言い、知っていることをすべて話した。メキシコにいたためレース外ドーピング検査を受けられなかったはずのラスムッセンが、実はイタリアのドロミテでトレーニングをしていたという事実が信頼できる情報により判明し、ラボバンクがラスムッセンを解雇したと。

「いりません」アルベルトは言った。ツールの規定により、マイヨ・ジョーヌはアルベルトの手に渡る。

「それはわかっている」私は言い、アルベルトを見つめた。「だが私たちのものなんだ」

「こんな形で手にするなら、二位で終わった方がましです」

私たちにできることは何もなかった。タイムを変えることはできない。ツールに残った一四八名の選手のうち、最も近い者とは二分差、遠い者とは四時間差で、トップに立っているのは私たちだ。だからと言ってマイヨ・ジョーヌを着なければならないということではない。その場ですぐに、私たちは翌日、マイヨ・ジョーヌを着ないことを決めた。たった数時間前は、すべてを犠牲にして手に入れようとした黄色いジャージを。

こうして第一七ステージは、マイヨ・ジョーヌ不在となった。ステージの最後に誰かが首位になる。アルベルトか、エヴァンス、リーヴァイ、あるいはサストレ、バルベルデ、またはソレールが。一時間一七分遅れで三四位にいたイェンス・フォイクトかも知れないし、二時間遅れで五八位にいたセドリック・ヴァッスールかも知れない。今までツールを走ってきて、このステージで最も早い総合タイムを出した者なら誰でも着るチャンスがある。やりきれなさに堪えるには、そう考えるしかなかった。

けれどもそのうち、わかってきた。毎日、熾烈なレース展開の中で、潰れたり落車したり、足を折ったり、強いチームに負けた選手たちと同様に、ただレースから脱落した者を、私たちは打ち負かしたに過ぎないのだと。リーヴァイが集団の中でペースをわざと抑えたように、私たちは間違いを犯さなかった。勝利を手にしたことを謝るのは勝者の義務ではないし、権利でもない。勝ちは勝ちであり、状況のせいでそこから身を引くことはできない。敵の事情や戦略に自分の責任はない。パンクを起こしたり、犬が目の前を走り抜けるような事故が起きない幸運。雨や暑さ。そういった無限で予測ができない状況に、罪悪感を持つ必要はない。罪悪感を持ったりすれば、打ち負かしてきた相手をおとしめることになる。

もちろん、ツールはまだ終わっていなかった。パリでの最終ステージの前に、五五・五キロのタイムトライアルが控えている。

一分五〇秒差でつけていたエヴァンスは、アルベルトよりはるかに優れたタイムトライアリストで、マイヨ・ジョーヌを私たちから奪う可能性もあったが、それには一六キロごとに三〇秒以上のタイムを奪わなければならない。アルベルトが落車するか潰れない限り、無理だろう。ジュープランの上りで、ランスがハンガーノックを起こしたときと同じで、三〇秒や六〇秒、いや一〇九秒ロスしても構わなかった。必要なのは、一一〇秒のリードを奪い返されないようにすることだけだ。

念のために、アドバイスを送った。

「いいか、アルベルト」タイムトライアルのスタート地点に立ったアルベルトの後ろに車をつけて、声をかけた。

「落ち着くんだ」

「行け――っ！」助手席から大声がした。

私は助手席のランス・アームストロングを見て笑った。

「嘘みたいだな。信じられるかい、ヨハン？　信じろよ！」ランスは言った。

私はようやく信じた。いつものようにあらゆる喧噪の間を通ってチームカーを走らせる中、前をものすごいスピードで走っているのは、私たちのマイヨ・ジョーヌなのだと。

「五〇キロだ。落ち着け《トランキーロ》。潰れるな」私はアルベルトに言った。

「全力で行け――――っ！」ランスが声を張り上げた。

その後もずっとこの調子だった。落ち着くように指示し、タイム差を伝える私の横で、大騒ぎするランス。バックミラーを見ると、メカニックが耳をふさいでいた。素晴らしい光景だ。エヴァンスは差を縮めていたが、関係なかった。その後ろではリーヴァイがステージ優勝に向けて最高の走りを見せていた。私はただ笑っていた。心から気が抜けたように、誇らしげなチーム監督らしく。

「追い風だ」窓の外に手を出して、ランスに言った。風は私たちの味方になる。集団のスピードが上がれば上がるほど、奪えるタイムは少なくなる。

「追い風だ」無線に向かって言った。

「行け！　行け！　行くんだ――っ！」角を走り抜けるアルベルトに、ランスががなりたてた。

二〇〇四年に、ツールに何度勝つべきか繰り返し話し合ったとき、ランスが言った言葉を私は忘れることがなかった。「できるだけ勝ち続けて、勝者として退くのが夢なんだ。それが完璧さの美学なんだ」

元チャンピオンを横に、そして未来のチャンピオンを前にしたその瞬間、私にはわかった。ゴールを越えたアルベルト・コンタドールは、翌日の形式的な最終ステージのあと、ツール・ド・フランスで優勝する。次の日の夜は、パリで大騒ぎのパーティーだ。ツール・ド・フランスでこれから何度も勝利をおさめるチャンピオンが登場したのだ。

私自身も勝者なのだ。

そしてとうとう、エヴァマリアとビクトリアに、もうすぐただいまが言える。ランスのように、勝者として舞台を去るときが来たのだと。

2007 年ツール優勝のあと、シャンゼリゼ通りでアルベルトと凱旋。アルベルトは初優勝、私にとっては 9 年間で 8 度目の優勝。

第一七章　勝利は勝利をいざなう

家庭でのささやかな成功から、
世に広く知られるようなサクセスストーリーまで、
どんな勝利でも、のちに大切な意味を持つようになることがある。

勝者になるための近道はない。

七年連続でマイヨ・ジョーヌを着てパリの表彰台の一番上に立つためには、七年間のたゆみのない犠牲と、確固とした集中力と、全身全霊を捧げた献身と、不屈の意志が必要だ。一年敗退して、翌年勝利をまたつかむことは、ただ二年間の労力ではなく、九年間すべて合わせた努力の結果なのだ。おわかりだろうか。

そしてそれは、九年間だけの話ではない。その九年は、一九九五年のたった二一回のペダルストロークまでさかのぼることができる。わずか一〇秒にも満たない出来事だ。

ランスとアルベルトと私が勝ち得たものはすべて、さまざまな小さな功績や勝利という土台の上に築かれたものだ。それは私たちに影響を与えて変化を及ぼし、想像もしなかったような方法で絡み合い、トップへの道をつくりあげた。

ミゲル・インデュラインがツールに優勝した最後の年、一九九五年。私がいたチームは何とかインデュラインを抑えようとしていた。チームのローラン・ジャラベールがすでに手にしていたマイヨ・ジョーヌは、第四ステージのゴールの直前にジャラベールがひどい落車に巻き込まれ、手放してしまった。ある選手がカーブを曲がりきれず、鉄柵に時速五〇キロで激突してしまい、集団に連鎖反応が起きてジャラベールも落車したのだ。選手全員が無線をつけるようになる前の時代の話だから、チームの誰もジャラベールの落車に気づかなかった。五〇秒差でゴールした彼は、マイヨ・ジョーヌを失った。

我々のチームには、常連強豪のアレックス・ツーレもいて、総合優勝をねらっていた。私は全力で走りながら、頭をずっと働かせていた。それは私の一番の得意技だったからだ。

第六ステージの終わりに、ジャラベールはあと八秒で首位に手が届くというところまでいった。翌日はシャルルロアから二〇三キロ、リエージュまで走る。私の母国ベルギーだ！子供が家の近所を知りつくしているように、私は、その道の隅々まで知り尽くしていた。あらゆるコブやカーブまでつぶさに。コーナーはきつく、コンディションは過酷で、絶えず強風が吹く。平坦区間だと言われてはいたが、途中勾配のある短い上りが散りばめられているのを私は知っていた。

オールラウンダー型の選手としては、ジャラベールは猛烈なスプリンターだった。途中でタイムボーナスを得ることができたら、すぐに八秒奪い返せるだろう。私たちは、特に勾配のきつい上りで猛烈なハイスピードで走り、ジャラベールに挑もうとするスプリンターを落とせばいい。できれば、ジャラベールのずっとあとにつけている選手がつくるような、適切な逃げ集団に逃げさせたい。すべてがうまくいけば、その日の終わりにマイヨ・ジョーヌを取り戻せるだろう。

スタートラインで太陽の光が肩に落ちるように差し込み、重たいセメント袋のような暑さがずしりとのしかかってきた。私には完璧なコンディションだ。集団にとって過酷なほど好都合だ。我々のチームは、一つのアタックが終わるやいなや、次のアタックをかけ、次々と爆竹のように攻撃を繰り返した。アタックが失敗して押し戻されても構わなかった。圧倒的なペースを保ち、集団を疲れさせたかったのだ。ボーナススプリント地点の前に、ハイスピードの手堅い列をつくり、ジャラベールをライバルの前に送り飛ばした。最後のボーナススプリントで、第一の計画はうまくいった。ジャラベールは、現時点でのリーダーとなった。つまり、マイヨ・ジョーヌは他の誰かが着ているが、現在のところはジャラベールの総合タイムが、一番早いということだ。

私たちは執拗なアタックをかけ続けた。のどに灯油が注がれ、口の中に火のついたマッチを投げ込まれたような感覚を肺に覚えた。まわりの選手は脚の筋肉を震わせ、ジャージは汗だくになっている。口の周りに白い塩の輪ができ、目はうつろだ。また「仕事場」の一日が過ぎていく。テュー山の峠に入り、私はサドルから腰を上げた。ただ乗り越えるというよりは、まるで峠にドリルで穴を掘るかのように。

それまでの過酷な走りにもまして、この峠はきつかった。まわりにいた、たくさんの選手たちは、はじめハイスピードで下っていたが、上りで速度を落としていった。他の選手がためらうのを感じる度に、私はアタックをかけた。集団全体に追撃させようとしたのだ。

私を風除けにして、すぐ後ろにぴたりとついていた選手たちが、見る見るはがれるように後退していくのがわかった。後ろは一度も振り返らなかった。五〇キロ先のリエージュをまっすぐ見ていると思わせたかったのだ。だが空気の動きや、道にうつる影や、その他の手がかりが微妙に変化したことから、一人一人、後方に落ちていったことがわかった。

そして私は、ツール・ド・フランスの先頭を一人で走っていた。

頭を低く下げて、ペダルを踏み込んだ。

このときは知らなかったが、私が飛び出したときと同じころ、後ろの集団ではインデュラインがサドルから腰を上げて、自転車のクランクを恐ろしい力で回していた。あまりにも猛烈なスピードで追い越しをかけたので、集団は止まっているように見えた。まるで道ばたで親指を上げているヒッチハイカーのように。インデュラインは、私と集団との差を飛ぶように埋めていった。

インデュラインのツール五連覇のやり方は、批判されることも多かった。だいたいいつも山岳でクライマーをマークして、タイムトライアルを圧倒的に制する。みごとな離れ業やスリリングなアタックというよりは、むしろ絶対的な君臨を誇示した。それは火山というよりは、物静かだが誰にも止められない溶岩の流れにも似ていた。

インデュラインは時折この評判を気にしていたのかも知れない。あるいは、集団を圧倒的に抑えて勝つことも簡単だが、叩き潰すこともできるのだと思い出したように示すことに、戦略的な意味を見出していたのかも知れない。何がどうあれ、インデュラインはアタックに出ていた。

ツールに出場しているのは、世界でも最高峰の一パーセントの、そのまたトップの一パーセントの選手だ。どこを見回しても世界チャンピオンや伝説の選手や天才がいた。他のレースとはそこが違う。王者の中の王者でひしめくその集団から、インデュラインについて行けたのは、たった一人、チーム・ポルティの選手だった。

インデュラインが私の横につけたときは、まるで汽車が来たようだった。何かがやってくる空気の動きを感じたかと思うと、大きな蒸気機関車のように、シューッという音と共に彼の身体が横を走り抜けた。私はペダルを踏む足をさらに早めて、もう一人の選手があえぎながら私を抜かしたとき、彼らの後ろについて風を除けた。

プロ選手は、モーターペースと呼ばれるトレーニングをする。時速五五キロから七〇キロで走るスクーターやオートバイの後ろを何キロも走るのだ。空気抵抗の心配をせずに、最大のギアと一定のスピードで走るストレスに身体を慣れさせる。インデュラインの後ろで走るのは、まるでモーターペースをしているようだった。

インデュラインの後ろから顔を出して前方を見ると、馴染みのある峠が見えた。勾配のかなりきついフォルジュ峠だ。その姿を見て安心した。インデュラインはスピードを落とすだろうから、私は少し休めるだろう。峠を上るためには、ペダリングを楽にするため、一番大きなフロントのチェーンリングを小さなチェーンリングにシフトダウンする。

峠に向かって走る途中、私はインデュラインがシフトダウンするのを待った。峠の麓に着き、上りに入った。インデュラインはサドルから腰を上げ、ペダルをぐいぐい踏み込んだが、シフトダウンはしなかった。私は歯を食いしばり、渾身の力でペダルを踏んだ。コンクリートの上で跳ね上がるような感覚を覚え、骨が身体の中でぐらぐらと揺らいだ。シフトダウンしなければならなかったが、いやだった。インデュラインがしないのなら、私もしない。ポルティの選手はシフトダウンするやいなや、まるで船から海に落ちたように消え去ってしまった。

再び道が平坦になった。峠の頂上に着いたのだろう。インデュラインが何か言うのが聞こえた。私は左に寄せ、叩きつけるようにペダルを踏んでいた力を弱めたインデュラインの横につけた。

「協力しないか」インデュラインが言った。

「それはできない」私は答えた。理由はインデュラインにもわかっているはずだ。私のチームにはジャラベールとツーレがいる。インデュラインに集団との差を開かせるわけにはいかない。できるのは彼について行くことだけだ。

レースの戦術はいつも冷酷だ。集団から離れて、ライバルからタイムを奪うために、インデュラインはなるべくハードに走らなければならない。私はただ彼の後ろで風を除ければいい。それは、私がゴール近くで体力を残していることを意味するとわかっていた。さらにステージ優勝を得るチャンスがあるということを。

問題は、必ずしも彼の後ろでずっと風除けができるわけではないということだ。ゴールまで、まだ一六キロある。インデュラインのスピードについて行けるかわからない。私は右手を伸ばして彼の尻を叩き、前へ出た。

そして捨て身で走り続けた。

リエージュは、ベルギーで三番目に大きい都市だ。リエージュに入ったインデュラインと私は、全市民すべてに迎えられたかのようだった。鉄柵から身を乗り出し、四重、五重、六重、あるいは十重にもなった観衆の山。ツール・ド・フランスのチャンピオンについて走る同胞の私を、熱狂的に応援している。インデュラインは、曲がりくねる市街を左に寄せて走っていたかと思うと、カーブを直線で突っ切り、今度は反対側につけて、風を除けるため鉄柵すれすれに走った。だから私が最終的にアタックをかけたときは、片側からしか見えなかったのだ。

彼は驚異的なスピードを出し続けた。私は無駄な体力を使わないように細心の注意を払った。風除けに最適な位置へと身をかわし、肘をゆったりさせ、肩をいからせず、顎をかみしめないように。時々、ボトルケージから赤いウォーター・ボトルを取り、すばやく水分を補給した。

あと一キロ地点であることを示す巨大なバルーンのアーチをくぐり抜けた。鉄柵から身を乗り出したファンが、私たちの顔に打ちつけんばかりにベルギー国旗を振り回す。インデュラインは前屈して、相変わらず怪物的なしなやかさでペダルを踏み込んでいる。私は自分の脚を見た。インデュラインに比べれば細い脚だ。おそらく彼の後ろでは、よけいか細く見えるに違いない。だが私はここにいる。そして周りの歓声は、私に向けられたものなのだ。

後方からオートバイや車が近くに寄せてきた。テレビカメラやレースの審判団、ＶＩＰやニュートラルカーが、皆ゴールを一目見ようと押し寄せてきた。

自分の自転車のチェーンの回り続ける音が聞こえる。肺に息が入り、口からたちまち出ていく音が聞こえる。心臓が爆発しそうだ。頭を右に傾け、前にいる機関車を見ようとした。インデュラインの後ろに入ると、そのジャージのゼッケンが見えた。１番――前年のツール優勝者に与えられる番号だ。

ゼッケン1番。それは私をからかっているようだった。ナンバーワンの男を倒そうだなんて、思い違いも甚だしいと。

カーブを左に曲がったとき、インデュラインがサドルから腰を上げた。雪崩のような大音声に押しつぶされそうだ。インデュラインは下ハンドルを握り、サドルから怒れるように立ち上がったまま、腕とその反対側の脚を働かせ、ペダルを踏むごとに自転車が倒れるような勢いでペダルを踏み込み、全身のあらゆる力を自転車に投げ込んで前へ飛び出した。

信じられなかった。今までずっと走ってきたのにもかかわらず、こんなスプリントができるとは。

私は頭を振り、インデュラインが開いた差を埋めようと、猛烈に足を踏み込み加速して、その後輪へと突撃した。その昔、城壁を壊すために使われた破城槌のように。衝突寸前で腰を左にぐいと動かすと、自転車も横に動いた。彼の後ろで風を除けながら加速していたため、風を直接受けても、すでにインデュラインよりスピードが出ていた。

インデュラインを追い越した。

ゴールの横断幕が見える。

二一回のペダルストロークの、一回目を踏み込んだ。

それが本当に一〇秒だったのか、確かにはわからない。ツールでのスプリントの速度は、一秒につきペダルストローク二回、一二〇ｒｐｍだという。インデュラインの前に出るのに、一〇回転必要だった。

彼は自転車を左に寄せ、私の後輪につけた。すべてがそれまでと逆になった。偉大なチャンピオンが、私を風除けにしようとしている。肩越しに振り返った。インデュラインは私の後ろに入れるだろうか。ペダルストローク三回。インデュラインが後ろに入った。まずい事態だ。

前を見た。フィニッシュラインは目に入らなかったのを覚えている。ただ、もうインデュラインの姿を見たくなかったのだ。頭を低く下げ、ちっぽけな肉体の限界から脚を解き放とうとした。自分ではできないことを脚にさせなければならない。肩を前にかがめ、頭をさらに低くした。本能的に、空気に対してなめらかな、くさび型のような姿勢を取った。肘が暴れるようにばたつく。身体のあらゆる部分の力を使ってペダルに力を込めた。たとえまつげや髪や爪までがペダルを踏み始めたとしても驚かなかっただろう。

一七回目のペダルストローク。

私はまだインデュラインの前にいた。回り続ける自分の脚と自転車の黄色のフレームを通して、彼が後ろに見えた。

私は頭を上げた。二〇回目のペダルストローク。

そして二一回目のペダルストロークで、私は勝利をつかんだ。

二〇〇七年七月二九日、日曜日。アルベルト・コンタドールが第九四回ツール・ド・フランスで優勝を手にした約四時間後、パリのラ・メゾンブランシュでは、家族や友人など三〇〇人を呼んだ祝賀パーティーの真っ盛りだった。スピーチやビデオ、音楽やあふれる海のようなシャンペン。ツールの勝者アルベルトを私は抱き締めた。

「これがどういうことなのか君にはまだわからないだろう」

まるで偏屈な老人が二四歳の若者を諭しているように見えたかも知れない。それでもシャンペンの勢いも手伝って、私はそのまま続けた。

「君の人生はまったく変わってしまうよ」

「わかってます」アルベルトは、一歩下がり私の肩に手をやった。私を元気づけるかのように。「わかってますよ」

だが彼はわかっていなかった。わかるはずがない。次の勝利が私たちをどこへ連れていくのか、誰にもわからないのだ。

ランス・アームストロングとアルベルト・コンタドールと私は、完璧な何かをつくりあげた。世界で最も偉大なレースに七度勝ち、一度敗退して次のチャンスをつかむまで、次の勝利がどんなに貴重で尊いものか学んだ。

ランスが引退について考え始めたころから、私もやめることを確かに考えてきた。しかし、アルベルトがマイヨ・ジョーヌを手にしたとき、できるだけ多くのツールで勝つことだけが自分の目標ではないということに、やっと確信が持てたのだ。やめるときは、完璧なタイミングで終わらせたかった。皆でつくり上げてきたチームを永遠に完全無欠のまま残したかった。いくつかのレースで勝利をおさめて、敗退し、スポンサー探しに苦労し、スキャンダルに襲われ、再編を経てカムバックして、勝って、また負けて。そんなチームになり果てるのはいやだった。

自転車レースは私の人生だ。二五年間、レースだけに費やしてきた。離れることは到底できないだろう。だが、妻と娘のもとに戻るために十分な勝利はすでに手にした。将来どんな仕事やチャンスを得ても、父親として、夫としての時間をもっとつくることができる。

ランスと築き上げたチームで、勝者として満足して退けるような勝利は手にした。ランスも思いは同じで、引退の意志を彼に伝えたとき、私たちはチームを解散することに決めた。私たちが成し遂げたことの純粋さには、何ものも触れることができない。何ものも絶対にそれを変えることはできない。希望。信念。勇気。勝利。我々のチームは、その記念碑となった。

私は二一回目のペダルストロークでステージ優勝し、マイヨ・ジョーヌを勝ち取った。マイヨ・ジョーヌを着たのは一日限りだった。翌日のタイムトライアルでインデュラインの手に渡ったのだ。ツーレとジャラベールはその後も猛烈な走りを見せ、山岳ステージでそれぞれステージ優勝を飾ったが、ゴールのパリまで王者インデュラインが、マイヨ・ジョーヌを他に譲ることはなかった。

リエージュの表彰台で、ベルギーの国王アルベール三世が、私の手を取り握手しておっしゃった。「今日はベルギーにとって素晴らしい日となりました」

私は国王に感謝の辞を述べ、本当に素晴らしい日です、とお答えした。けれども私はそのとき、それが真の意味でどれほど「素晴らしい」のか、気づいていなかった。その日、上りで最初に渾身のアタックをかけたとき、マイヨ・ジョーヌよりもはるかに大きな意味を持つ何かが起きていたことに。

私についてこようとした選手はたくさんいたが、一人一人、風にはがされるように脱落していった。その中で、最後まで残ったある選手がいた。私を追った中で最もしぶとく、追いつけないことに誰よりも腹を立てていた選手。それは、素晴らしい将来を約束されていたが、いまだツールを完走したことのなかった二三歳の若者、ランス・アームストロングだった。その日、自分を引き離して、ツールの最も偉大な王者の一人からマイヨ・ジョーヌを奪った私の走りを、ランスは忘れることがなかったという。

私は現役選手時代、いくつか勝利もおさめたが、それは苦労してやっと手に入れたものだった。私よりはるかに優れた身体能力に恵まれた相手を全身（そして頭も）ぼろぼろにしてやっと手にしたのだ。

私の選手時代は、コアなファンしか知らないような記録に凝縮される。ツールで当時の最短タイムのステージ優勝。崖からの転落。一九九五年の有名なアタックでインデュラインを唯一、打ち負かしたライダー。だが一方で、それは自転車レースのことをあまり知らないテキサス訛りの若者に印象づけた、かけがえのない栄冠だったのだ。

ランスはよく言う。あの一九九五年のステージでは、数日前に落車してしまった。落車がなければ、私に楽々とついて行くことができたはずだと。

「見てみろよ、ヨハン。このパワーから逃げ切れると思うかい」そうふざけて、二本の脚と、屈強な肺と、超人的な心臓を指さして、ランスは言う。

ついてこられなくて幸いだったぞ、と私はあるとき言った。

「どういう意味だい」ランスは訊いた。

「あの日私が君より三分先にゴールして強い印象を残さなかったら、君は数年後、別の監督を選んでいたかも知れないじゃないか」

将来、あなたの人生を変えることになるのは、どの勝負なのか。その答えはわからない。だから一つひとつの勝負に闘う意味がある。家庭でのささやかな成功から、世に広く知られるようなサクセスストーリーまで、どんな勝利でも、のちに大切な意味を持つようになることがある。

そしてそのとき、あなたはその場限りの勝者から生まれ変わるのだ。

尊い、真の勝者へと。

謝辞

あるレースの優勝に貢献してくれた人たち。ツール・ド・フランス八勝を支えてくれた人たち。アマチュアおよびプロ時代に私に影響を与えてくれた人たち。その数は、到底数え切れない。一人で勝利をつかめる人はいない。少なくとも自転車レースや人生では。

お世話になった方々の名を漏らさず挙げようとして、うっかり誰かの名前を失念してしまうようなことは避けたい。そこで、以下の方たちすべてに深い感謝の意を捧げたい。過去にチームメイトとして、あるいは競争相手として共に走った選手の皆さん。チームの選手やスタッフの皆。意識していようがいまいが、手本となってくれた方々。チームスポンサーの方々。自転車競技のまさに心臓であるファンの方たち。私のチームやビジネスや本書出版の実現を支援してくださったクリエイティブでビジネスセンスにあふれた方たち。本当にありがとうございました。

以上の方たちの力添えがあったからこそ、過去の勝利が実現し、そしてこれからの勝利が可能になるのだ。勝者でいてくれたことに、深い感謝を捧げる。そして、私を勝者にしてくれたことに。

ツアー・オブ・オーストリア、ステージ5
ツアー・オブ・オーストリア、ステージ7
ツアー・オブ・ベルギー
ツアー・オブ・ベルギー、ステージ3
ツアー・オブ・カリフォルニア
ツアー・オブ・カリフォルニア、プロローグ
ツアー・オブ・カリフォルニア、ステージ5
ツアー・オブ・ミズーリ
ツアー・オブ・ミズーリ、ステージ2
ツアー・オブ・ミズーリ、ステージ3
ツアー・オブ・青海湖、ポイント賞
ツアー・オブ・青海湖、ステージ1
ツアー・オブ・青海湖、ステージ3
ツアー・オブ・青海湖、ステージ5
ツアー・オブ・青海湖、ステージ6
ツアー・オブ・青海湖、ステージ8
ツアー・オブ・青海湖、ステージ9
ブエルタ・ア・エスパーニャ、ステージ14
全米ロード選手権
ボルタ・ア・カタルーニャ、ステージ3
ブエルタ・ア・コムニダ・バレンシアナ、ステージ4
ブエルタ・ア・マヨルカ、メタス・ボランテス賞
ブエルタ・ア・カスティーヤ・イ・レオン
ブエルタ・ア・カスティーヤ・イ・レオン、複合賞
ブエルタ・ア・カスティーヤ・イ・レオン、スペインライダー賞
ブエルタ・ア・カスティーヤ・イ・レオン、ステージ4

ボルタ・ア・カタルーニャ

2006年

ベルギー国内タイムトライアル選手権
ドイチェランド・ツアー、新人賞
ドイチェランド・ツアー、プロローグ
エネコ・ツアー・オブ・ベネルクス、ステージ4
ジロ・デ・イタリア、複合賞
ジロ・デ・イタリア、プロローグ
ツアー・オブ・オーストリア
全日本選手権ロードレース
全日本選手権タイムトライアル
ザッヘン・ツアー・インターナショナル
デパンネ3日間レース
デパンネ3日間レース、山岳賞
デパンネ3日間レース、ステージ1
デパンネ3日間レース、ステージ4
ツール・ド・フランス、ステージ12
ツール・ド・ポローニュ、ステージ1
ツール・ド・ロマンディ、プロローグ
ツアー・オブ・カリフォルニア、ステージ2
ツアー・オブ・カリフォルニア、ステージ5
ブエルタ・ア・エスパーニャ、山岳賞
ブエルタ・ア・エスパーニャ、ステージ11
ブエルタ・ア・エスパーニャ、ステージ17
ブエルタ・ア・エスパーニャ、チーム賞
全英シクロクロス選手権
全米ロード選手権

2007年

ベルギー国内タイムトライアル選手権
パリ〜ニース
パリ〜ニース、新人賞
パリ〜ニース、ステージ4
パリ〜ニース、ステージ5
パリ〜ニース、ステージ7
ロシア国内タイムトライアル選手権
デパンネ3日間レース、ステージ4
ツール・ド・フランス
ツール・ド・フランス、新人賞
ツール・ド・フランス、ステージ14
ツール・ド・フランス、ステージ19
ツール・ド・フランス、チーム賞
ツール・ド・ジョージア
ツール・ド・ジョージア、新人賞
ツール・ド・ジョージア、ステージ3
ツール・ド・ジョージア、ステージ4
ツール・ド・ジョージア、ステージ5
ツール・ド・ジョージア、チーム賞
ツール・ド・ラン、ステージ2
ツール・ド・スイス、山岳賞
ツール・ド・スイス、ステージ6
ツアー・オブ・オーストリア

ツール・ド・フランス
ツール・ド・フランス、ステージ10
ツール・ド・フランス、ステージ11
ツール・ド・フランス、ステージ18

2002年

ツール・ド・フランス
ツール・ド・フランス、ステージ11
ツール・ド・フランス、ステージ12
ツール・ド・フランス、ステージ19
全米ロード選手権
ブエルタ・ア・ムルシア

2003年

ツール・ド・フランス
ツール・ド・フランス、ステージ4
ツール・ド・フランス、ステージ15
ブエルタ・ア・エスパーニャ
ブエルタ・ア・エスパーニャ、ステージ20

2004年

デパンネ3日間レース
ツール・ド・フランス
ツール・ド・フランス、ステージ4
ツール・ド・フランス、ステージ13
ツール・ド・フランス、ステージ15
ツール・ド・フランス、ステージ16
ツール・ド・フランス、ステージ17
ツール・ド・フランス、ステージ19
ツール・ド・ジョージア
ツール・ド・ジョージア、ステージ3
ツール・ド・ジョージア、ステージ4

2005年

ドーフィネ・リベレ、ポイント賞
ドーフィネ・リベレ、プロローグ
ドーフィネ・リベレ、ステージ7
ドーフィネ・リベレ、チーム賞
エネコ・ツアー・オブ・ベネルクス、ステージ1
エネコ・ツアー・オブ・ベネルクス、ステージ5
ジロ・デ・イタリア
ジロ・デ・イタリア、ステージ11
西フランス・プルエー
ツアー・オブ・オーストリア、チーム賞
ツール・ド・フランス
ツール・ド・フランス、新人賞
ツール・ド・フランス、ステージ4
ツール・ド・フランス、ステージ15
ツール・ド・フランス、ステージ17
ツール・ド・フランス、ステージ20
ツール・ド・ジョージア
ツール・ド・ジョージア、ステージ5
ブエルタ・ア・エスパーニャ、ステージ6

セマイン・カタラン
ツール・ド・フランス、ステージ6

1994年

ボーランド・バンク・ツアー、ステージ3
ツール・デ・ラ・リオハ、ステージ4

1995年

クリテリウム・ダロー
グランプリ・デュ・ミディリーブル、ステージ5
ツール・ド・フランス、ステージ7

1996年

クリテリウム・ド・ピアー
ホフブロイ・カップ、ステージ3

1997年

フレーシュ・マニュルワーズ

チーム監督時代

チーム

1999～2004年	USポスタルサービス
2005～2007年	ディスカバリーチャンネル

優勝歴

1999年

サルト・サーキット、ステージ4（ランス・アームストロング）
ドーフィネ・リベレ、プロローグ（ランス・アームストロング）
ファースト・ユニオン・クラシック
ダンケルク4日間レース、新人賞
レッドランドクラシック
ルート・ド・ズッド、ステージ4（ランス・アームストロング）
ツール・ド・フランス
ツール・ド・フランス、プロローグ
ツール・ド・フランス、ステージ8
ツール・ド・フランス、ステージ9
ツール・ド・フランス、ステージ19

2000年

グランプリ・エディ・メルクス
ツール・ド・フランス
ツール・ド・フランス、ステージ19

2001年

ヘント～ウェヴェルヘム

付録　ヨハン・ブリュニール経歴

現役選手時代

在籍チーム

1989年	SEFB
1990 ～ 1991年	ロット
1992 ～ 1995年	オンセ
1997年	ラボバンク
1998年	オンセ

優勝歴

1988年

イゼヘム
ツール・ド・ラ・CEE、ステージ1

1989年

ベルラーレ
フレーシュ・ニルワーズ
ツール・ド・ラ・CEE、ステージ7
ツール・ド・スイス、ステージ2
ツール・ド・スイス、ステージ10
ワーブル

1990年

ハーセルト
ツール・ド・ラ・CEE
ツール・ド・ラブニール
ツール・デュ・ボークリューズ、ステージ3

1991年

クリテリウム・ド・ヘラーズベルゲン
フランクフルト・グランプリ
グランプリ・デュ・ミディリーブル、ステージ3
ツール・ド・ペイバスク、ステージ5

1992年

コッパプラッチ
グランプリ・デ・ナシオン
ヘニンガー塔1周レース
ブエルタ・ア・エスパーニャ、ステージ12

1993年

クリテリウム・ド・ヘラーズベルゲン

著者
ヨハン・ブリュニール

1999～2007年まで、USポスタルサービス（のちにディスカバリーチャンネル）チームの監督をつとめる。元自転車レース選手。監督として、9年間で前人未踏の8勝をおさめ、スポーツ史上最高の功績を打ち立てた。1964年、自転車レース熱の高いベルギーに生まれる。5カ国語に堪能。現在は自転車競技界に関わりながら、スペインで妻と娘と暮らす。

著者
ビル・ストリックランド

世界最大のサイクリング雑誌『バイシクリング（Bicycling）』のエグゼクティブ・エディター。自らも自転車に乗り、自転車競技に関する著述業に携わって25年になる。そのコメントは全米誌などメディアで頻繁に引用される。最新著書の回顧録『テン・ポイント（Ten Points）』など著書多数。

訳者
ラッセル秀子

聖心女子大学卒業。米国モントレー国際大学院修士課程修了（専攻は翻訳・通訳）。フリーランス通訳を経て、現在は翻訳者として活動するほか、モントレー国際大学院で翻訳修士課程の非常勤講師をつとめる。主な訳書に『天使に会いました——体験者350人が語ってくれた奇跡と感動のストーリー』（ハート出版）がある。

ツール・ド・フランス　勝利の礎《いしずえ》

発行日　2008年9月27日　第1版　第1刷

著　者　ヨハン・ブリュニール
　　　　ビル・ストリックランド
訳　者　ラッセル秀子
発行人　出張勝也
発　行　株式会社アメリカン・ブック＆シネマ
　　　　〒100-0005　東京都千代田区丸の内3-3-1　新東京ビル
　　　　電話03-5293-1888（代表）　FAX 03-5293-1887
発　売　英治出版株式会社
　　　　〒150-0022　東京都渋谷区恵比寿南1-9-12　ピトレスクビル4F
　　　　電話03-5773-0193　FAX 03-5773-0194
装　幀　柿木原政広　10.Inc.
編　集　芝崎章、鬼頭穣
印刷・製本　大日本印刷株式会社

［検印廃止］ISBN978-4-903825-02-1

株式会社アメリカン・ブック&シネマの出版事業を始めるにあたって

二十世紀、世界のリーダーとなったアメリカは、さまざまな課題をかかえつつも、二十一世紀においても、政治、経済、文化、エンターテインメント、スポーツなどの各分野で世界のリーダーとして存在しつづけるのではないかと、私は考えています。アメリカが建国以来の「フロンティア精神」「未知の世界への挑戦」「自由な世界を創造していこうとする躍動的精神」を維持することができる限り。

日本とアメリカは、国の成り立ち、理念に対する取り組み姿勢において、非常に好対照な組み合わせです。それがゆえに、とかく閉塞的な状態に陥りがちな日本にとって、アメリカは唯一ではありませんが、非常に重要な「鏡」のひとつでありつづけるでしょう。

アメリカン・ブック&シネマでは、アメリカ発、あるいはアメリカ経由のユニークな書籍や映像作品を日本にご紹介して行きます。決して多数の作品を取り扱うことはありませんが、一つひとつの作品との出会いを大切にして行きます。

二十一世紀、われわれはインターネットの時代に生きています。出版事業を一つの柱としつつ、インターネットの双方向性、同時性、直接性を生かしながら、グローバル化する世界の動きに積極的に参加していこうとする人たちのコミュニティ作りを目指します。日本だけでなく、世界各地の人々が参加するコミュニティができあがることが、私たちの夢です。

アメリカン・ブック&シネマ　発行人　出張勝也